AF274297

HA MERECIDO LA PENA VIVIR

JULIO ZARCO

HA MERECIDO LA PENA VIVIR

El amor como forma de vida:
el legado de
Etty Hillesum

Biblos

Queda prohibida, salvo excepción prevista en la ley, cualquier forma de reproducción, distribución, comunicación pública y transformación de esta obra sin contar con la autorización de los titulares de propiedad intelectual. La infracción de los derechos mencionados puede ser constitutiva de delito contra la propiedad intelectual (art. 270 y siguientes del Código Penal). El Centro Español de Derechos Repográficos (CEDRO) vela por el respeto de los citados derechos.

En la redacción del presente libro mencionamos logotipos, nombres comerciales y marcas de ciertas empresas u organizaciones, cuyos derechos pertenecen a sus respectivos dueños. Este uso se hace en virtud del artículo 37 de la actual Ley 17/2001, de 7 de diciembre, de Marcas, sin que esta utilización suponga relación alguna del presente libro con las mencionadas marcas ni con sus legítimos propietarios. En ningún caso, estas menciones deben ser consideradas como recomendación, distribución o patrocinio de los productos o servicios o, en general, contenidos titularidad de terceros.

Índice

Prólogo

Si conjugar el verbo *leer* es humanizador, no lo es menos el verbo *escribir.* Su poder no solo reside en la bondad de la narrativa, que permite al ser humano novelar, soñar, embellecer la realidad, darle sentido ordenándola. El poder de la narrativa está también en el hecho de que el autor imagina un tú, se dispone en clave dialógica, saca de dentro para liberarse y hacer que el peso de la realidad resida también un poco en quien la atisbe entre las palabras escritas.

Me he encontrado con frecuencia con personas que, desde el sufrimiento, han buscado sentido también en la escritura. Y lo han encontrado —o mejor, lo han puesto— al identificar a otras personas que habían pasado por situaciones semejantes o, sin duda, también peores.

Con mucho gusto he vuelto una y otra vez a *El libro de Job,* de la sabiduría judía, contenido en la Biblia.

Representa al hombre sufriente de siempre que, tras haber perdido la salud, sus bienes, sus amigos, en la intensidad de su duelo encuentra a Dios en la intimidad dialógica, quien le invitará —como hacía él con los falsos consoladores— a callar y contemplar la naturaleza. En su inescrutable belleza, hallará más que una distracción, una posible paradoja que permite poner valor al sinsentido del sufrir.

Si Job representa al ser humano sufriente de siempre, sus autores encontraron, como hizo Etty Hillesum, la necesidad de poner palabras a la crueldad para liberarse de ella. Misteriosamente, en este ejercicio, de manera inevitable, aparece la voz de Dios, íntima, humilde, que secuestra la atención y acompaña un proceso de madurez espiritual. Julio Zarco no ha podido evitar encontrar en las palabras del ruin carboncillo de Etty, transformado en bella pluma, las palabras que sirven para describir su corazón. No, el doctor Zarco no está en un campo de concentración nazi. Pero la vida, en ocasiones, se nos vuelve ácida, hasta el punto de parecernos un lugar de concentración de sombras. Y necesitamos palabras. Urgen las palabras para liberarse, sanarse, encontrar esperanza, y renovar y reforzar las motivaciones para la vida cotidiana.

Etty Hillesum, a quien tuve el lujo de leer frente al mar, seducido por el título *Desenterrar a Dios,* nos ha regalado —no solo a Julio— una forma de escritura sagrada, una forma de humanización del sufrimiento que recorre el camino de transformación del dolor en oportunidad de interiorización y de conciencia del valor de la vida en su clave biográfica, en su belleza irrenunciable. Etty, y Julio con ella, entran en la magia de las palabras, a dialogar con quien se resisten a llamar Dios, a contar con él en clave oracional en una religión que lo encierre o *desdivinice* manejándolo de manera utilitaria. Dejan a Dios ser Dios y lo encuentran en el propio centro, en ese silencio y el verbo impuesto por el sufrimiento.

Al leer estas páginas del doctor Julio Zarco, robadas a las claras a Etty Hillesum, he constatado el poder terapéutico tanto de la escucha como de la narrativa. Cuando en 1997 fundé el primero de lo que hoy es la red de centros de escucha San Camilo, puse en marcha un motor de algo que descubro cada vez más como imprescindible: el dolor mudo es más dolor. Necesitamos narrarlo. Necesitamos un tú, aunque sea en diferido, que se asome a nuestro corazón, para que no sea totalmente inútil nuestro sufrir, para que no caiga en el olvido eterno.

Agradezco a mi querido Julio la confianza que me manifiesta al entregarme estas páginas, que, al fin y al cabo, desvelan los barracones que somos capaces de generarnos unos a otros cuando las motivaciones y las dinámicas de nuestro vivir son dejadas a la deriva de lo que no es una vida virtuosa.

Empeñado, como veo a Julio, desde la Administración pública, desde la gestión en el mundo sanitario, desde el liderazgo personal, para impregnar el cuidado

13

de humanismo, le descubro, en estas páginas, profundamente humano, sanador herido. Herido, pero capaz de hacer de la herida fuente de sanación, como el mismo Quirón de la mitología griega.

Las páginas que siguen están cargadas de humanidad, del poder de admiración ante la naturaleza y ante el ser humano, limitado siempre, pero habitado de una trascendencia que no puede negar. Desde el silencio del sufrir, la palabra irrumpe con su poder creador de sentido. Porque poner palabras al dolor libera el corazón, que, de otro modo, gime y se autodestruye.

Agradezco a Dios el regalo de las palabras, que sanan y liberan, cicatrizan e iluminan en la oscuridad de la noche del corazón. Y agradezco a Dios por la pluma del doctor Julio Zarco, actual gerente del Hospital del Niño Jesús en Madrid. El doctor, con sus desvelos profesionales y sus pasiones personales, construye redes de humanización, entre las cuales también yo me encuentro.

José Carlos Bermejo
Doctor en Teología y Director del Centro de Humanización de la Salud

14

Parte 1

Etty Hillesum, una mística contemporánea

La magia de un encuentro

Dice un antiguo proverbio sapiencial que el discípulo no encuentra al maestro hasta que aquel no se encuentre preparado. Yo siempre lo he creído, pero ahora pienso con más firmeza que el destino, la providencia o la vida siempre teje un sutil tapiz, en el que cada hilo es de un color, textura y situación determinada. Es muy complejo atisbar la composición general, puesto que solo somos conscientes de nuestra persona y su entorno más inmediato, es decir, del hilo y el inmediato conjunto que le rodea. Por ello, conocer la urdimbre de la existencia y hacer de cada vida una auténtica obra de arte se convierte en la obra más excelsa e importante de cada uno de nosotros. La complejidad de la existencia está entrelazada de muchas vidas, presentes, pasadas y futuras, que nos es imposible atisbar; solo debemos centrarnos en conseguir una vida bella y plena que nos haga dignos como personas y embellezcan la obra de arte de la existencia. Hay momentos en la vida de una persona en que nos encontramos con el maestro, con ese álter ego que nos permite no solo contemplar nuestro verdadero rostro, sino atisbar que la vida es bella en sí misma y que formamos parte de un plan que nos trasciende. Cuando este encuentro se produce, algo cósmico acontece y una magia desconocida se libera. La magia es el ingrediente fundamental de la existencia, anima el mundo. Esa magia es el alma del mundo que genera la posibilidad de ser. Asistir al nacimiento de ella hace que asistamos a un acontecimiento cósmico, sobrenatural, o mejor dicho, transnatural. Con la modestia y humildad debida, me siento deudor de la vida por haber asistido a la magia de un encuentro, el que se produjo hace ahora ya varios años entre este humilde narrador y una persona que, aunque dio sus pasos por esta tierra hará ahora ochenta años, sigue presente ejerciendo su influencia y ejemplo de vida: Etty Hillesum.

El libro que tienes en tus manos, querido lector, es el testigo del encuentro mágico entre dos seres que habitaron tiempos y lugares distintos, pero que comparten el cruce de los hilos del tapiz de la existencia. Esta obra quiere expresar el encuentro que tuve al descubrir a Etty Hillesum un otoñal día ventoso y ocre, y la conmoción que produjo en mi alma su testimonio.

Aquel día otoñal vagaba yo sin rumbo fijo por las calles de Madrid, perdido entre mis pasos y soportando una gran tristeza y pesar en lo más profundo de mi alma. Llevaba varios años con problemas familiares de importancia que me habían superado y me habían llevado a la desesperación. No encontraba salida alguna a los conflictos personales y familiares, que habían puesto a prueba mi alma. Todos los años de experiencia de vida que llevaba en mis hombros y mi intensa experiencia en terapia, filosofía y desarrollo personal, de nada servían para serenar mi corazón angustiado. ¿De que servían en aquel momento mis sesudas lecturas de la espiritualidad sufí, la *kabbalah,* el cristianismo primitivo, la filosofía platónica y tantos textos sapienciales que me habían deleitado intelectualmente durante más de cincuenta años si, a mi avanzada edad, todo mi mundo se había visto sacudido como un vendaval y puesto patas arriba? En aquellos momentos me sentía no solo triste y apesadumbrado, sino indignado con mi propia vida, puesto que me sentía engañado por ella misma. Nada había servido, el personaje que me había creado solo era una máscara falsa y artificial que escondía a un indefenso y asustadizo niño que aún llamaba a sus padres en la oscuridad de la noche. Mi prestigio, mi posición, mis recursos de nada servían, pues me sentía descarnado y ausente de la llama de la vida que animara mi cuerpo y mi existencia. Todo era gris y frío. El otoño estaba en el exterior, pero el invierno había anidado en mi vida. Ya nada era igual, todo era oscuro, sin sentido, nada parecía satisfacer mi interés. Los conflictos que había vivido durante más de una década habían podido conmigo. Ni siquiera mi estilo de vida estoico había podido remontar aquella situación tan lúgubre.

Aquel día otoñal me había cogido permiso en el trabajo para vagabundear sin rumbo y tratar desesperadamente de abrir las puertas de la percepción a algún milagro, a algo que sacudiera mi existencia y me sacara de mi lamentable estado. Atravesé parques, calles e incluso visité alguna pinacoteca para dejarme acariciar por la belleza y que esta fuera bálsamo de mis heridas; pero no hubo suerte.

Cuando ya abandonaba la idea de rendirme a lo inevitable del sinsentido, pasé a una pequeña librería que se encontraba semioculta en el recodo de una estrecha callejuela y que nunca había visto. Nada más pasar, su tenue luz anaranjada acarició mis ojos y el olor a libros serenó mi ajetreado ser. Pese a mi desgana, eché un vistazo general a los estantes, como siempre era costumbre en mí. Las bibliotecas y las librerías siempre han tenido para mí un carácter sagrado, lugares donde se deposita la sabiduría y el conocimiento de siglos, que como tesoros esperan ser encontrados. Nada me llamó especialmente la atención: títulos que ya conocía, libros que ya había leído en varias ocasiones, revistas de literatura y filosofía. Después de un rato escaneando el pequeño habitáculo, pasé a hojear tímidamente algunos textos, que me llamaban la atención por sus coloridas portadas o sus enigmáticos títulos. Nada que no fuera

22

habitual en mis cientos de pesquisas y cacerías librescas. Al girar me llamó la atención un grueso libro que, bajo el sencillo título de *Diario,* se encontraba a punto de caer del estante, pues su propio peso lo había precipitado y desalineado. Nada más cogerlo para ir a su rescate y colocarlo de manera adecuada, vi la foto en blanco y negro de aquella joven mujer con rostro pensativo, que parecía emergido de la nada y que salía a mi encuentro vibrante. Me llamó la atención su sereno rostro y sus profundos ojos, que escondían una cierta melancolía. Siempre he pensado que los libros nos eligen a nosotros. Este me había elegido a mí, pues, sin conocer a su autora ni lo que escondían dentro sus páginas, lo abrí. Hojeé el índice y la contraportada, donde refería que Etty había sido una joven abogada holandesa que falleció en el campo de concentración de Auschwitz el 30 de noviembre del año 1943. De origen judío, aquellos eran sus diarios. Los había estado confeccionando laboriosamente durante varios años, hasta que fue asesinada en las cámaras de gas. Aquella historia me evocó la vida y la obra de uno de mis maestros, el doctor Viktor Frankl, que no solo había sobrevivido al horror de tres campos de concentración, sino que fue creador de la técnica de la logoterapia y ejemplo de vida de muchas personas, entre ellas yo. También hizo que evocara la vida de la santa Teresa Benedicta de la Cruz, la gran filosofa y pensadora Edith Stein, cuya conversión religiosa fue una proeza del espíritu. Pero aquella diminuta mujer que se

23

asomaba a la portada de aquel libro con intensidad tenía algo, había en ella algo atrayente y a la vez enigmático que me impulsó a leer al azar alguna página. En varias pasadas recorriendo sus textos precipitadamente, como si se tratara de ráfagas de viento que sopla y cambia de dirección, llegó a mí el perfume que destilaba aquella mujer. Era atea y en poco tiempo se había convertido en mística, no creía en nada y se encontraba perdida en el barracón de un campo de internamiento en Holanda llamado Westerbork. Dedicó su último hálito de vida a ayudar a los demás y con ello fue capaz de encontrarse a sí misma. Por ello encontró a Dios, porque ella, los otros y Dios son lo mismo; porque Dios y el mundo es lo mismo, y porque Dios existe en la verdad, la belleza y la vida. Lo auténticamente impactante es que Etty vivenció y encontró esta experiencia mística de la vida en pleno horror de un campo de concentración, tras haber perdido a sus familiares y perder ella su propia vida. Aquellos diarios que la joven Etty comenzó a escribir pormenorizadamente, de una manera callada y amanuense, fueron entregados por ella a una amiga poco antes de su deportación a Auschwitz, y pasaron de mano en mano de amigos y conocidos sin aparecer a la luz del mundo hasta décadas después. Etty inició su diario por recomendación de su mentor y amante, el psiquiatra Julius Spier, al que ella llamaba enigmáticamente «S». Ella tenía 27 años y él 54. Ella inicia sus cuadernos el 8 de marzo de 1941. Se conservan 11 diarios, falta solo el número 7. La última carta que Etty escribe es del 7 de septiembre del año 1943. Lo hace a su amiga Christine, desde el mismo tren que la lleva hacinada con cientos de judíos hacia el campo de exterminio. Tan solo se puede leer: «Christine, abro la Biblia al azar y me encuentro esto: "El señor es mi cámara alta"». A partir de aquí Etty calla para la eternidad y renace para el mundo. En aquella lectura apresurada, el alma se me convulsiona y sus páginas me arroban. Salgo precipitadamente de la librería con el diario en mis manos y, sin poder esperar más, me siento en una cafetería, donde devoro sus páginas con fruición y emoción, lo que poco a poco va sacándome de mi soporífica existencia.

Hay libros que pueden destruirnos y hay lecturas que nos liberan y nos salvan. Yo puedo afirmar que los diarios de Etty Hillesum acudieron en mi ayuda y me salvaron, me sacaron del profundo pozo donde me encontraba. Ella me mostró el camino y me alumbró para vislumbrar el camino por recorrer. No era una santa, era una persona normal contemporánea, atea, cuya vida fue convulsionada por el impacto del holocausto nazi. Fue capaz de atisbar en el horror de la guerra, la destrucción y la muerte que la vida merece la pena ser vivida, que la vida es bella pese al dolor y la muerte. Si ella fue capaz de vivirlo así, ¿quién era yo para no poderlo vivir? Según leí sus diarios y conocí más la vida de la joven Etty, pude llegar a identificarme con ella, conocerla, intimar y trabar una amistad que ha desembocado en este libro que

25

tienes en tus manos, lector. Este libro es por lo tanto un libro de salvación, de esperanza, un libro para mostrar a la humanidad que merece la pena vivir y que la vida tiene sentido, aun en el sinsentido aparente. La logoterapia del doctor Viktor Frankl, que durante tantas décadas me acompañó en mis clases en la universidad, con mis pacientes y como norte en mi vida, por fin se había podido materializar de una manera práctica, de una manera ejemplificadora, a través de la vida de Etty.

Este libro no solo pretende ser un homenaje a la joven Etty Hillesum y a tantas personas que perdieron su vida en aquellos años de guerra y holocausto, sino a los miles que después de casi un siglo siguen perdiendo sus vidas por el horror de los conflictos actuales, Ucrania, Palestina y tantos otros que seguirán viniendo en el futuro de la mano de la insaciable y voraz mano del hombre sin escrúpulos, que solo es alimentada por el odio y el afán de dominio. A ellos se dirige este libro, para que encuentren luz y bálsamo para sus heridas. Por supuesto se lo dedico también a todas aquellas personas que vagan errantes por sus vidas, como yo me encontraba en aquel otoñal día, triste, sin rumbo, sin sentido y con dolor en el corazón.

Después de algunos años trabando amistad con Etty desde el silencio y sin apenas hablar de ella, conservando nuestra amistad en secreto, como si fuera un tesoro que no quería profanar y que egoístamente no deseaba compartir con nadie, nuevamente sus palabras me sacaron del ensimismamiento egoico, cuando leí una y otra vez en sus diarios:

Quisiera poder vivir mucho tiempo para volver a explicarlo alguna vez mas adelante, y si no se me concede ese deseo, pues bien, deberá hacerlo otra persona que deberá seguir adelante, allí donde se ha interrumpido mi vida, y por ello tengo que vivir lo mejor posible y con plenitud y convicción hasta el último aliento, porque quien venga después de mí no tenga que empezar desde el principio y no tenga tantas dificultades. (3 de julio de 1942)

Y continúa afirmando:

Me siento como la custodia de una vida muy valiosa, con toda la responsabilidad que ello conlleva. Me siento responsable del gran y hermoso sentimiento por esta vida que está dentro de mí y que deseo escoltar a través de estos tiempos para que llegue sano y salvo a una era mejor.

¿Acaso no me estaba hablando Etty directamente a mí, a todos los que somos depositarios de su frágil vida? Solo por eso merecía la pena trasmitir en una cadena ininterrumpida de la existencia la vida de aquella mujer para poderle gritar desde aquí: ¡Gracias, Etty! Ha merecido la pena. Aquí estamos haciéndonos eco de tu vida y tu ejemplo, el cual perpetuaremos. Gracias, chica que no sabías arrodillarte.

Semblanza biográfica de una persona singular

Realizar una semblanza biográfica es una gran osadía y una cuestión de gran complejidad. Como resumir en pocas palabras la intensidad de toda una vida, como plasmar en fríos datos todas las emociones, luces y sombras de una vida. Por ello el género biográfico es tan especial y complejo. Por el contrario, cuando nos encontramos con un personaje de la historia, necesitamos unas coordenadas, un marco biográfico e histórico que nos enmarquen quién era, qué le aconteció y qué ha legado a la posteridad. Este libro no es biográfico, pero este capítulo tiene como única pretensión dar unos retazos de la biografía de Etty, para enmarcar su vida en unas coordenadas espaciotemporales y poder llegar a entender con más precisión la existencia de esta notable mujer. Como ya he contado en otra parte de este libro, quien quiera conocer en mayor profundidad la vida y obra de Etty tiene que deleitarse en sus diarios, donde de su propia mano esboza su vida, sus vivencias y su existencia descarnada. Comencé a leer sus diarios de una manera compulsiva. Solo realicé un pequeño parón cuando había leído no más de cincuenta páginas, para buscar una semblanza biográfica que me contextualizara todo lo que aquella mujer había depositado en aquellas páginas. Pretendo con estos pocos datos orientar al lector de la misma manera, para que pueda zambullirse en la segunda parte de este texto, el verdaderamente sapiencial y existencial, con un mayor conocimiento de la persona Etty.

Etty nació en Middelburg el 15 de enero de 1914, en los Países Bajos. Su verdadero nombre era Esther, Etty es el cariñoso apelativo con el que la llamaban en su familia. Su padre, Louis, fue un eminente profesor de Lenguas Clásicas y marcaría el gusto de Etty por la literatura. Etty tuvo dos hermanos, que, como ella, eran muy sensibles e inteligentes, Mischa y Jaap, más pequeños. La madre de Etty, Rebeca, era de origen ruso, lo cual condicionó el gusto de Etty por los autores clásicos rusos. Los hermanos Hillesum estaban intelectualmente muy bien dotados: igual que Etty era una apasionada de la filosofía y la literatura, Mischa tocaba el piano magníficamente bien con seis años y Jaap era un excelente estudiante de medicina. Los Hillesum eran una familia burguesa acomodada que vivía en un clima intelectual muy activo y en un ambiente no excesivamente rígido para los usos de la época. Etty estudió derecho en Ámsterdam y más tarde su pasión por las lenguas eslavas la llevó a matricularse y diplomarse en estas lenguas, lo que le permite leer directamente a los clásicos rusos. Sus inclinaciones filosóficas y su afán de conocer el alma humana la llevaron a matricularse en psicología, pero justo en aquel momento estalló la guerra y sus estudios se vieron suspendidos.

Gracias a sus amigos, por aquellos años consiguió trabajo como dactilógrafa en el Consejo Hebraico, una organización constituida para servir de puente e interlocución entre la población judía y los invasores nazis. Este periodo de tiempo le permitió conocer no solo al invasor pueblo alemán, sino a su propio pueblo judío, su idiosincrasia, sus tradiciones, sus modos y costumbres, y preparó el carácter de Etty para lo que habría de venir. Durante un año Etty estuvo trabajando como voluntaria en el campo de concentración de Westerbork, un campo de internamiento de la población judía, desde donde se realizaban las deportaciones a los distintos campos de exterminio alemanes. Durante este periodo de tiempo y gracias al salvoconducto del Consejo Hebraico, podía salir y entrar del campo. Sus tareas fueron diversas: actuar como enfermera y trabajadora social, llevar medicinas y cartas, y servir de comunicación entre los familiares apresados y los que estaban en libertad. Durante este tiempo Etty fue sobre todo acompañante de las personas apresadas. Su carácter fue consolidándose y preparándose para su trasformación final. En esta época Etty conoce de primera mano la persecución judía y se convierte en una observadora atenta y testigo de su tiempo, de los conflictos sociales y políticos. Aquella situación la lleva desesperadamente a comenzar a escribir sus diarios, como ejercicio terapéutico y de autoconocimiento, además de como una crónica de los acontecimientos de la época. Su salud entonces es frágil, sufre de grandes periodos de depresión y melancolía, acompañado de brotes bulímicos. En muchas ocasiones piensa en suicidarse. La extrema sensibilidad de los hermanos Hillesum se manifiesta en Etty con estos cuadros psicopatológicos y con la esquizofrenia de su hermano pequeño. Por aquellos años, Etty es apasionada, gran fumadora y muy promiscua sexualmente. Finalmente se queda embarazada y tomar la difícil decisión de abortar. Dentro de su gran tormenta emocional, tiene una relación afectiva con el casero de su piso, muchísimo mayor que ella, y su mundo emocional comienza a resquebrajarse. Por aquel entonces existe caos en el exterior de Etty y en el interior, hasta que conoce a un joven

psiquiatra berlinés de origen judío, Julius Spier, discípulo de Carl Gustav Jung, del cual se enamora. También le sirve como guía y mentor en aquellos turbulentos años. Julius, cariñosamente llamado «S» por Etty, le descubre la psicología profunda, la espiritualidad, los Evangelios y la necesidad de la escritura como herramienta de conocimiento. Julius está casado y Etty vive un amor apasionado y correspondido, pese a conocer la imposibilidad para poder consolidar su vida afectiva con Julius. El conocimiento y la relación con Julius, junto con el trabajo en el campo de Westerbork y el inicio de una escritura sistematizada, son los detonantes fundamentales para su cambio y trasformación psicológica y espiritual.

En junio de 1943, entendiendo que de manera inevitable va a entrar en prisión, Etty toma la decisión de entregarse junto a su familia a las SS. Muchos amigos suyos han tratado de hacer que desista de permanecer en el campo, le han facilitado la huida y refugio fuera del campo y del país, pero ella se niega y llega a la conclusión de que debe ser coherente con ella misma, y sobre todo con la persecución de su pueblo. Decide no huir, decide quedarse y correr la suerte de los suyos.

Desde entonces permanece confinada en el campo de Westerbork, hasta que es deportada al campo de exterminio de Auschwitz en un tren que lleva a 987 personas, de los cuales 170 eran niños. Los diarios que Etty fue escribiendo los entregó a varios amigos suyos, como depositarios del legado más valioso de ella. El último escrito de ella del que se tiene constancia es una tarjeta postal que escribe nada más subir al tren y que la arroja al andén, en un intento desesperado de comunicarse con sus amigos. La postal dice: «Me esperareis, ¿verdad?». De aquel transporte solo existe constancia de que sobrevivieron ocho personas. Los padres de Etty fueron gaseados nada más llegar al campo. El último registro de Etty es su fallecimiento el 30 de noviembre de 1943 en un registro de la Cruz Roja. Su hermano Mischa falleció el 31 de marzo de 1944 y su hermano Jaap sobrevivió hasta el 17 de abril de 1944. Presumiblemente, la familia no volvió a estar junta desde su llegada al campo de Auschwitz.

Los diarios fueron publicados por primera vez el 1 de octubre de 1981, es decir, 38 años después del fallecimiento de Etty. Fue su amiga Maria Tuinzing quien los conservó, con el expreso deseo de Etty de que trascurrida la guerra se los entregara al escritor y editor Klaas Smelik, para que los publicara o buscara cómo editarlos.

Los diarios de Etty en la actualidad son motivo de estudio desde múltiples áreas, que van desde el estudio literario, la antropología, la teología o la psicología. Probablemente es el texto contemporáneo que mejor refleja la trasformación personal y espiritual de una persona sometida a la barbarie humana. Aunque podría remedar los diarios de Etty, los de Ana Frank, al ser de dos mujeres judías que mueren por la barbarie nazi, son bastantes diferentes. Los diarios de Etty, influenciados por Rilke, poseen una dimensión estilística, literaria y espiritual mucho más profunda que los de Anna. Reflejan una profundidad humana y trascendente inigualable y difícilmente reflejada en otros textos similares.

El fondo de los diarios de Etty puede tener cierto aroma al libro *El hombre en busca del sentido,* del psiquiatra vienes Viktor Frankl, que vivió las mismas experiencias en el mismo campo de exterminio. Siendo cierto esto, existe la diferencia de que Frankl tiene un tono más académico, producto de su formación psiquiátrica y de que él estructurara su logoterapia basándose en sus vivencias en tres campos de exterminio. En el fondo tanto Etty como Frankl hablan de lo mismo: la búsqueda del sentido a la vida y de cómo puede ser revelado en las condiciones más duras de la existencia.

Ha merecido la pena vivir

Como he contado, este es un libro de esperanza y de vida. Por ello mi único objetivo es ilustrar con imágenes poéticas la vida y el pensamiento de Etty Hillesum, para dar evidencia de que el espíritu y el alma brotan por doquier, incluso en el páramo más yermo, inhóspito y aterrador, como puede ser un campo de concentración. No pretendo narrar la vida de Etty. El lector, solo leyendo y haciendo una inmersión en sus diarios, podrá llegar a atisbar la profundidad de su pensamiento, sus vivencias y su crecimiento espiritual. Este libro es una ficción donde doy la palabra —o mejor dicho, debería decir doy la escritura— a Etty en el periodo que va desde el día 7 de septiembre de 1943, cuando es deportada junto a otros cientos de prisioneros, hasta el día 30 de noviembre del mismo año, cuando tenemos constancia por los registros de la Cruz Roja de que fallece en el campo de concentración de Auschwitz. Desconocemos la causa de la muerte, aunque podemos sospechar que fue asesinada en las cámaras de gas, pues la mayor parte de presos así murió. Todos los lunes por la noche se realizaban las listas de presos que el martes partían para ese campo de concentración desde el campo de Westerbork, que era intermedio y de tránsito en Ámsterdam. Conocemos por sus diarios que Etty tomó la decisión de quedarse con su familia, pese a que muchos amigos suyos trataron de socorrerla y excarcelarla utilizando sobornos y pagos a autoridades del campo y a otras personas influyentes. Conocemos de la misma mano de Etty que ella siempre se negó, sus valores éticos no le permitían verse comprometida en ese chantaje. Conocemos del día de la partida de la familia Etty, pues redacta la última carta a su amiga Christine desde el tren, como hemos mencionado anteriormente. Conocemos que el viaje duró 3 días en tren y que llegó al campo el día 10 de septiembre. Viajó con sus padres, los cuales fueron gaseados el mismo día de la llegada.

No se conocen más escritos ni cartas de Etty desde el día 7 de septiembre hasta que falleció, el 30 de noviembre. Es aquí donde comienza este libro. La imaginamos sola desde el día 10 que asesinan a sus padres hasta su muerte, 81 días después. Casi 3 meses sobreviviendo condenada a muerte y sin saber cuál será su ultimo día. Conociendo su dimensión espiritual, estamos convencidos de que siguió haciendo lo que habitualmente hacía en Westerbork: ayudar a todas las personas que la necesitaban, dar amor, acoger al frágil y necesitado, sanar las heridas del cuerpo y del alma, y escribir, seguir plasmando sus vivencias para tratar de ser testigo universal de aquel horror.

Este libro es una ficción basada en los hechos reales, el pensamiento y las vivencias de Etty durante esos 81 días y refleja el hipotético diario número 12, que nunca se ha encontrado, pero que estamos convencidos de que ella realizó. Yo no pretendo escribir como Etty, solo trato de interiorizar sus vivencias, sus experiencias y sus sentimientos para mostrar al lector lo que ella siempre afirmaba una y otra vez: «Ha merecido la pena vivir». Lo que aquí puedes leer, lector, no es mi pensamiento y mis vivencias, sino las de Etty, en muchas ocasiones utilizando sus propias palabras y en otras metaforizando sus palabras y experiencias. Mi trabajo, pues, ha sido un acto de médium: me he zambullido en el alma de Etty, he buceado en sus profundidades, me he impregnado de su espíritu y he salido a la superficie arrastrando palabras, poesía, metáforas, y sobre todo desenterrando su vida y su alma, para podértela entregar a ti y que puedas apreciar el perfume de su existencia. Ha merecido la pena vivir y ha merecido la pena escribir este alegato de vida.

Parte 2

El diario perdido

Quiero volar, pero no puedo

Aún recuerdo a aquella niña que fui con la lejanía del tiempo pasado, como si una espesa bruma descendiera sobre mi cabeza. Los recuerdos se difuminan como sombras siniestras que se pierden por los callejones de la memoria. Muchas veces me pregunto qué queda de aquella joven fogosa y pasional en mi actual saco de huesos. La actual Etty ya estaba en aquella joven que gozaba con éxtasis del roce de los cuerpos sudorosos de mis amantes, pero estaba encerrada en lo más profundo de mis entrañas. Yo aún no había desenterrado a Dios, aún no sabía quién era realmente y lo que me deparaba la existencia. Mi Dios juguetón y travieso, que se esconde en nuestros pliegues del alma para huir como un cervatillo asustado cada vez que decidimos acariciarle, huía de mí y era invisible. Qué vagamente recuerdo el pesado cuerpo de aquel muchacho que me atraía como

43

un imán y que hacía que mi cuerpo temblara bajo el suyo... Nuestros cuerpos se estremecían y él me abría como una fruta húmeda y cálida, arrancándome gemidos de placer, descontrolando en un éxtasis amoroso una fuerza de la tierra que me llegaba a asustar. Mi sexo era las entrañas de la tierra y de la vida, y yo lo entregaba con deleite, sin ser consciente de que allá también estaba Dios. Donde hay vida allá está Él; donde hay movimiento, pasión, energía, allá está Él. Aquel muchacho de fuertes brazos y cabello rubio me inmovilizaba con su peso y yo me rebelaba, por ser yo la poseedora de su cuerpo atrapándole entre mis caderas. Era una bella lucha, una lucha de cuerpos sudorosos llenos de placer que hacía que me expandiera por dentro como si fuera una infinita galaxia. Nuestros sexos parecían estar dotados de una inteligencia especial y se buscaban con anhelo vehemente. Nuestros desacompasados movimientos iban confluyendo y ajustándose con una gran precisión. Aumentaba el ritmo, la fuerza y el calor, y como si subiéramos a un alto cielo propulsándonos con nuestras fuertes alas, nos quedábamos en suspenso, parados, para precipitarnos en un picado, arrojándonos al vacío en una desenfrenada convulsión, liberando nuestra fuerza, energía y vida. Entonces, aquel muchacho de robusto cuerpo, desmadejado, parecía un niño pequeño, desvalido y frágil. Seguía siendo el mismo, pero yo era poderosa como una montaña, poseía su esencia. Por ello era la poseedora de la magia y me convertía en la hacedora de vida. Aquel muchacho fue un fortuito encuentro al terminar las clases de instituto, pero siempre sentiría su cuerpo resonar en mí, pese a que han sido muchos los muchachos que me han buscado con ansiedad y pasión, buscando mi cuerpo, mis caderas, mis pechos, mi sexo... Aunque ninguno como aquel, que sembró su semilla en mi interior como un hábil jardinero y fue el hacedor de la vida en mí. En aquel voluptuoso cuerpo ya se encontraba el cuerpo flaco y sucio de esta Etty, y yacía en sus profundidades mi Dios, pero aún no lo había desenterrado. Aquella energía sexual irrefrenable también era Dios, pero en su manifestación más burda y primitiva: la energía de la vida germinal que habita en el centro de nuestras pasiones. Eso me lo descubrió mi querido Julius, S como le llamo cariñosamente, cuando me trataba de educar y pulir el diamante en bruto que era mi vida. Con él, mi atracción física se combinaba con la admiración y el arrobo intelectual. Fue un amor maduro, el amor que me hizo despertar.

Recuerdo el miedo, la angustia y la desagradable sensación de náusea que recorría mi cuerpo cuando la vida prendió en mí y la naturaleza decidió que mi campo era tierra fértil para que el hábil cuerpo de mi rubio jardinero depositara la semilla apropiada destinada a un nuevo ser en mi interior, en mis entrañas, en lo más profundo de mí, quizás cerca de mi Dios o quizás en el lecho que mi Dios le había labrado desde hacía siglos y que esperaba pacientemente su llegada. Aquellos fueron

45

tiempos turbulentos y yo sufría de cierto atasco espiritual. Mi vida y mi energía se había esparcido por el universo. Yo quería volar, pero no sabía cómo abrir mis alas, cómo moverlas, como alzar el vuelo, y sucumbía al desaliento desplomándome en el hastío y la angustia. Estaba embarazada de un muchacho que apenas conocía. Pese a que el sabio cuerpo había sido receptivo a la vida, yo luchaba denodadamente por liberarme de aquello, volar al infinito cielo y sentirme ligera como un rayo de luz, y no pesada como una gran roca. Estaba perdida y mi autosuficiencia hacía que me golpeara como una polilla atrapada en una pequeña habitación. Yo no me sentía madre, no quería ser madre y no lo sería. Demasiado bien conocía mi familia, sus problemas, la compleja relación de mis padres y mis hermanos. Yo no quería una familia, yo había nacido para otros menesteres, no para cuidar de un marido gris que se paseara por mi vida como un fantasma y de unos hijos que piaran como polluelos en el nido.

Aquel tiempo angustioso y turbio fue el que me llevó a las compulsiones febriles de comer sin límite ni control, e incluso a agredir a mi cuerpo queriéndome liberar de las cadenas que me atrapaban. Yo era presa de mi propia angustia y del dolor descarnado de no saber quién era verdaderamente. Buscaba, pero no sabía qué; quería volar, pero no podía; quería vivir de otra manera, pero no sabía cómo convertirme en luz. Esa tristeza y ese dolor me convertían en un alma sin epidermis, y eso en muchas ocasiones me llevó a pensar en acabar con mi vida y sumirme en una profunda y pesada bruma irreal. Aquella pesadez abrumadora cada vez era más densa y caía sobre mi cabeza como una losa, sumiendo mi cuerpo en una pesadez que prácticamente me impedía mover. Mi cuerpo era pesado e inerte. Mi cabeza giraba en vórtices rápidos en torno a unos cuantos pensamientos rumiantes de angustia, miedo y rechazo. Estaba paralizada, como un frágil animalillo a punto de ser engullido por un depredador. Era un pajarillo hipnotizado por una serpiente poderosa que estuviera a punto de lanzarse sobre mí en un rápido movimiento. Esa serpiente era mi propia vida, que me acechaba como un terrible monstruo sin forma, negro, viscoso y terrible.

La decisión se fue perfilando sola, se fue abriendo paso de una manera sigilosa, inaudible, como un ladrón que entra a hurtadillas en una casa. No podría decir cuándo apareció en mi consciencia, pero allí estaba, y volvía una y otra vez a ella: el niño no podía nacer. Tenía que quitarme aquel peso infernal que me lastraba el cuerpo y me cortaba las alas. Mi organismo estaba preparado para ser madre, pero mi alma no. La vida no necesitaba de otra alma que bien podría no ser normal, pues en mi familia existían muchas taras mentales: mi madre era una neurótica desequilibrada y mi pequeño hermano padecía de ataques psicóticos. No parecía lo más cuerdo jugar a la ruleta rusa y jugármelo todo a un hijo no deseado producto de unos minutos de placer incontenible. Igual que la idea fue orgánicamente tomando forma de una manera progresiva, mi idea de acabar con aquella vida humana fue infiltrando mi pensamiento como un torrente de agua subterránea. Soy consciente de que me arrepentiría y que mi consciencia nunca me perdonaría por haber tomado aquella decisión, pero necesitaba volar y me encontraba sola. Era una niña asustada y frágil que jugaba a ser mayor, y la inexorable ley de la existencia había dictado la severa sentencia de que debía ser fértil y ponerme ante esa dura prueba. La decisión estaba tomada. Me marqué el propósito de que no me vería condicionada ni intimidada por nadie ni nada. Nadie se enteraría, ni padres, ni hermanos, ni familia, ni amantes ni amigos. Sería yo y solo yo quien afrontaría las tormentas del destino.

Aquel día lo vivo como un sueño extraño donde todo era irreal. Aún todavía me parece que no pudo ocurrir, pero el niño no nació, aborté, y con ello le dije a la vida que era yo la que mandaba, que yo era la dueña de mi destino. Recuerdo el sentimiento de parálisis y sequedad emocional en el que me encontraba. Era como una pequeña planta que hubieran arrancado de cuajo del fértil suelo y la hubieran trasplantado a una maceta. Estaba en el mundo, pero este acontecía a mi alrededor y yo no sentía nada, todo pasaba y nada sentía. La angustia, el miedo y la duda habían desaparecido, se habían volatilizado como si nunca hubieran existido; ahora quedaba la nada, el silencio, la paz y la frialdad. Era como un fantasma que vive sin conocimiento de que está vivo y los demás no le ven: saben que existe, pero su existencia no le pertenece. Apenas comía, solo quería acurrucarme en mi cama y pasarme todo el día durmiendo, anestesiar mi vida para que el dolor y la culpa no me asaltaran y me pusieran en jaque. Qué equivocada estaba con esta actitud, qué errada estaba tratando de no sentir, cuando la vida es emoción y sentimiento... Apenas quería hablar, apenas quería vivir. Mi vida había pasado súbitamente de la ansiedad y el miedo a la nada nihilista, a la oquedad de la vida donde toda magia y sentido había desaparecido, para dar paso a la vida descarnada y dura que muestra su rostro yermo. Entonces apareció él y entonces algo empezó a nacer, moviendo el mundo con alegría y dinamismo. No era consciente, pero estaba asistiendo a un pequeño gran milagro.

El amor como forma de vida

El descubrimiento más maravilloso de la vida es constatar y experimentar qué es el amor, sentirlo, entender con cada poro de la piel que es la sustancia invisible que alienta toda la existencia. Descubrir el amor es llegar a casa y encontrarse con un milagro que, aun existiendo, nunca habíamos vislumbrado. No puede expresarse con palabras, ni siquiera con pensamientos, es un perfume tenue que todo lo impregna. Quizás por eso la poesía y sus juegos y requiebros expresan y atisban algo más la realidad de la que estamos hablando, el lenguaje de los ángeles, la mayor expresión espiritual de la humanidad. Cuánto me enseñó el poeta Rilke y su *Libro de horas* sobre lo que es la poesía y sobre todo lo que es el amor... Pero no quiero detenerme hoy en la literatura y cómo me ensancha el alma, porque hoy estoy haciendo el recuerdo del amor, porque he visto una pequeña hoja de un arce movida por el viento. El viento la balancea con suavidad, acunándola y disfrutando en una danza misteriosa. Desde la oquedad del ventanuco de mi barracón, desde donde solo diviso un trocito de cielo gris, por allí he visto con cadencia pasar aquella bella hoja mecida por el viento. Estaba absorta zambulléndome en aquel pequeño espacio que me saca de las cadenas de la materia y me impulsa hacia el mundo, hacia el resto de las personas, los planetas, las galaxias; hacia mí, porque yo estoy ahí afuera y todo lo de afuera está en mí.

Estaba ensimismada en esa contemplación, cuando, súbitamente, aquella pequeña hoja apareció, suave, delicada, como una compañera que venía a contarme confidencias del mundo. Era tan grande como mi mano. El intenso color rojo había dejado paso a un suave color rojizo que ponía más de relieve sus nervios amarillentos, que hablaban de vida. Ella está allí por mí, ella me cuenta de sus hermanas hojas, de su gran familia en el bosque cercano al campo, de su hermosa y majestuosa madre que alimenta por igual a ella y a todas sus hermanas. Pero su vida es comunitaria, su madre no está sola. Hay muchas madres y todas trabajan como un solo ser, el ser del bosque. Porque el bosque tiene vida, es un todo y ese todo forma parte de algo más grande. Cada pequeña parte del bosque es un individuo en sí, pero no es nada sin el todo. La unidad está en el todo al igual que el todo está en la unidad. ¿Acaso eso no es Dios? ¿Acaso nosotros, cada uno de nosotros, no somos el todo y todo está en nosotros? Me maravillo al contemplar cómo mi pequeña amiga, mi pequeña hoja de arce, puede darme una lección tan preciada y profunda, sin aulas, libros y ni ruido mental. Las pequeñas manifestaciones del milagro de la vida que tras su velo esconden el misterio y la verdad, la belleza y el profundo significado de la vida. Me asalta la mente llamar Clesilda a mi pequeña amiga, porque todo, hasta el granito más insignificante de arena, tiene un nombre, una vida, una biografía, un significado. Clesilda me enseña sin palabras, me enseña como los grandes maestros enseñan, a través de la experiencia. Solo una mirada, solo un movimiento de una mano. Allí está depositada toda la sabiduría del ser. La palabra es engañosa, ruin, rastrera, solo la poesía la salva de los infiernos. Porque la poesía conmueve, la poesía emociona, toca al corazón, el alma, lo no racional, y allí dentro, en lo profundo y húmedo, está la vida.

Pero mi amiga Clesilda, con su danza sutil y su rojo pálido, me trajo un bello recuerdo: el de aquel 15 de septiembre del año 42, cuando recibí la noticia de la muerte de mi querido Julius, mi personal S, mi amigo, maestro y amante, aquella persona que me sacó del pozo y creyó en mí. Clesilda me trajo ese recuerdo, que evocaba la imagen que en aquel momento se grabó en mi retina cuando mi amiga Christine me anunció su fallecimiento. Yo me encontraba en mi escritorio, como todas las mañanas. Después de escribir en mi diario durante una larga hora, me quedé contemplando a través de la ventana el cielo azul grisáceo con los grandes árboles que se erguían en la calle. Algunas hojas trataban de liberarse de las ramas, movidas y agitadas por un fuerte viento. Mi mirada se posó en una pequeña ramita parda y observé cómo una de sus hojas, viva aún, unida por un fino pedículo a su sustento, se quebraba y era arrastrada al mundo, moviéndose en rápidos remolinos. Seguí el curso de aquella pequeña hoja, que, después de muchos zarandeos, se depositó en el húmedo suelo junto a otras hermanas y compañeras, volvía a no estar sola. En ese instante, mi amiga entró súbitamente y, con lágrimas en los ojos, me comunicaba atropelladamente la muerte de S. Julius había muerto, como aquella hoja, movido por el viento y había sido arrastrado a otra existencia, a otra manera y forma de ser. En aquel momento algo sutil se quebró en mi pecho, sentí una gran pesadez en mi cuerpo y un chasquido dentro de mí. Ahora, viendo a Clesilda desde la ventana de mi barracón, siento ese chasquido, siento esa pesadez y Julius vuelve a estar conmigo, porque la memoria del cuerpo está en cada una de las células de mí. Por ello yo estoy en cada célula y Julius forma parte de mí, está en cada célula. No te has marchado querido S, siempre has estado dentro de mí, acompañando mi alma. Tus negros ojos azabache los siento clavados en mí con aquel magnetismo animal que despertaba mi deseo y mi pasión. Tú supiste ver desde tu experiencia de hombre maduro, a la pequeña Etty que realmente era. Tu mirada era interior. Cuando te conocí en aquella fiesta a la que nos invitaron, algo misterioso me atrajo de ti. Tú estabas hablando sobre tu querido profesor Jung y lo que habías aprendido de su mundo arquetipal. Tus ideas y pensamientos llegaron a mí, como una ensoñación. Tú eras un maestro de vida. No era tu conocimiento lo que me atraía, era tu virilidad y sabiduría destilada por la experiencia. Había tenido varias relaciones con hombres maduros, pero todas fueron físicas. Allí había atracción física, magnetismo animal, pasión y mucha sabiduría. Tu dulce voz era un oboe que acariciaba mi alma. Tus palabras dejaron de significar para acariciar y mimar algo dentro de mí que súbitamente dio un salto y despertó. Ya no pude dejarte de mirar en toda la noche. Te seguí con arrobo por toda la sala y cada movimiento tuyo se convirtió en una danza sagrada. Estabas dentro de mí. No me lo explico qué milagro estaba operando ni cómo lo pudiste hacer, pero eras capaz de regular mis ritmos internos. Sentía un gran calor en mi sexo, pero mi corazón galopaba desenfrenadamente. Ese calor se expandió como una gran ola hacia todo mi ser y, cuando alcanzó mi cabello, se irradió hacia el exterior. Era electricidad, magnetismo o quizás tan solo amor. No puedo explicarlo con palabras. Aquella sensación, me acompañó toda la noche y gran parte del día posterior. Aquella noche apenas pude dormir, un sueño agitado me despertó en varias ocasiones y siempre allí, estaba aquella sensación de calor y energía que me animaba todo el cuerpo y excitaba mi alma. Nunca lo

55

había sentido, nunca había experimentado aquella extraña sensación de poder y de magia. A la vez que me gustaba y atraía, también me producía temor y miedo.

Mi querido S supo enseñarme a amar. Aquella pasión que se desencadenaba cuando realizábamos nuestros ejercicios terapéuticos basados en la confrontación física y que era una especie de lucha con agarres, empujones, inmovilizaciones, dejó paso a un amor más erótico. Durante aquellas batallas, que duraban minutos interminables, yo podía sentir su excitación, al igual que el ejercicio físico y el sudor desencadenaba un deseo brutal de ser poseída, de que Julius entrara en mí y me llenara de placer. No sé muy bien cómo, ni de qué manera, ese amor erótico y físico fue cediendo paso a un deseo más afectivo, más localizado en el corazón, en el centro del pecho. Me admiraba la gran capacidad intelectual de S, su magnetismo, su sabiduría, sus lecturas, su espiritualidad. Él me abrió al mundo de la literatura. Mi origen ruso hizo que siempre me atrajeran los grandes de la literatura, especialmente Tolstoi y mi querido Dostoievski. ¡Qué grandeza la de Fiodor! ¡Cuántas veces releí *El idiota!* La sensibilidad espiritual y la capacidad de percepción de las emociones de Fiodor eran colosales. Yo quería imitarlo, quería escribir como él, para entrar en el alma humana y que no hubiera ningún secreto que se escondiera a mi atención vigilante. Pero Julius me estimuló a leer la psicología profunda del doctor Jung, aquel discípulo disidente de Freud que entendía que el alma era lo que movía al ser humano y que el anhelo de espiritualidad embargaba todo lo humano.

Una tarde lluviosa, después de la tertulia que organizaba S en su casa y donde todos nos sentábamos alrededor de la mesa discutiendo y reflexionando sobre el alma humana, mi amado solicitó que me quedara unos minutos a solas con él. La algarabía, el humo de los cigarros y el desorden dio paso a un trascendental silencio. La luz se hizo más tenue y su presencia, más profunda. Sus profundos ojos negros penetraron mi alma y, cogiéndome de la mano con una suavidad esmerada, me dijo: «Etty, Etty, tienes que leer la Biblia y los Evangelios. Tu espíritu necesita rezar, tu ser inquieto necesita ser templado por la mano de Dios». Yo me quedé mirándole desconcertada, sin palabras. ¿Por qué me diría aquello? Con aquel interrogante regresé a mi casa.

Recuerdo con nitidez el sueño que me invadió en lo más profundo de la noche. Me encontraba en un gran campo de trigo y soplaba un viento fresco que golpeaba mi cara, ofreciéndome una sensación de frescor y de ligereza. Súbitamente, algo movió el trigo, algo avanzaba entre las largas espigas y se dirigía a mí a una gran velocidad. Me paralizó el miedo, algún peligro me acechaba y era incapaz de poderlo ver. El cielo azul y limpio se tornó nuboso, presagiando tormenta. Mis ojos estaban clavados en el movimiento de aquel ser oculto entre las espigas. Una mezcla de miedo y de reverencia, de sobrenaturalidad y de curiosidad, hizo que mis piernas se doblaran y cayera de rodillas al suelo. Solo entonces, desde el suelo, con la cabeza agachada y la mirada en el suelo, sentí un calor tenue, acompañado de una luz anaranjada que producía en mí una emoción de ternura y amor como no había sentido hasta entonces. Mis ojos se llenaron de lágrimas. Cuando alcé la vista, un pequeño gorrión emprendió el vuelo juguetón y divertido.

Desperté del sueño y me encontraba en un estado alegre, con una fuerza profunda que nacía del centro de mi pecho y que se expandía como si fueran olas llegando a la playa. Nunca referí en mis diarios este sueño tan real que hizo que no pudiera dormir en toda la noche y que trasformó mi vida. Mi mente giraba vertiginosamente haciendo planes y proponiéndome conocer a la verdadera Etty. Julius me había insistido en muchas ocasiones en que el trabajo más noble de un ser humano era conocerse a uno mismo, profundizar en su verdadero ser, pues sabiendo quién eres puedes encontrar el verdadero sentido de la existencia. Para ello Julius me facilitó varias herramientas y era mi responsabilidad utilizarlas con adecuada prestancia. Además de las lecturas adecuadas, mis queridos Rilke, Dostoievski, la realización de un diario, un diario de vida donde depositaría mi alma, mis experiencias, vivencias y anhelos, sin cortapisas, sin engaños, la proyección de mi mundo interior, todo aquello que brotara de cada pliegue de mi alma. Julius me instaba a meditar, a rezar, pero mi alma aún no estaba madura y el barro se estaba cociendo a fuego lento.

Aquella espiritualidad de aquel hombre de profundos ojos negros y de grandes manos me atrapó como si yo fuera un pajarillo. Quizás fueron estas las cuestiones que maduraran mi amor y pasión, y convirtieran lo que era físico en afecto, la pasión física en amor afectivo, del sexo al corazón. Pero aún este amor era demasiado egoísta e interesado. Mi yo estaba dirigiendo y comandando todas las acciones. Cualquier búsqueda de amor era una búsqueda de satisfacción, de placer, de deleite y de seguridad.

Cuando me enteré de la muerte de mi amado S, quedé huérfana y vacía, hueca, con una sensación de dolor que todo lo abarcaba. Una percepción de desrealidad invadió mi mundo. Nada era igual, me había convertido en un cuerpo pesado y me costaba trabajo moverme, como si el aire fuera mercurio denso. Los colores se habían desdibujado, perdiendo sus tonalidades brillantes, nada parecía tener sentido. La muerte me había rozado y había atrapado a S, llevándoselo para siempre. Ya nunca lo volvería a ver, ya nunca escucharía sus relatos, nunca haría más el amor ni nos reiríamos juntos. Mi tutor, mi amado ya no me guiaría nunca más. El dolor que sentía en el centro de mi pecho era una mezcla de aflicción, tristeza y vacuidad. Recuerdo que esta noticia me sobrecogió hasta tal punto que me quedé sentada en un rincón de mi cuarto, arrugada y doblada sobre mí misma, protegiéndome como si fuera un pequeño animalillo desvalido. Apenas podía llorar, mis ojos me dolían por dentro. Una sucesión de imágenes de Julius se amontonaba en mi memoria, de manera atropellada asaltaban mi mente: sus caricias, sus besos profundos, sus ojos magnéticos, sus grandes manos agarrando mis caderas, sus conocimientos y su sensibilidad. Él había sido mío y solo mío, pese a que otra mujer usurpadora se hiciera llamar «esposa de Julius». Para mí era único, era mi S.

El dolor habitó en mí y formó parte de mi carne, y en cada respiración hacía que anidara más profundamente en mi corazón, formando parte de mi propio ser. Quizás fue en ese momento cuando comprendí que el dolor nunca desaparece, que forma parte de nosotros, que solo podemos integrarlo, sustanciarlo en nuestra propia carne. Tampoco Julius había desaparecido, él habitaba dentro de mí, en mis recuerdos, en mi pensamiento, en mi vida. Él había esculpido mi vida y los golpes de su cincel aún resonaban en mi ser, al igual que el polvo del mármol se había quedado pegado a sus manos, su memoria y su alma.

Pasé muchos días con una sensación de asqueo y vacío sin sentido. Apenas comía, me encontraba triste y con una cierta irascibilidad. Esa sensación de enfado con la existencia, de por qué la muerte se lleva a los mejores, a los seres que aportan sentido y felicidad a este mundo y a los demás. Realizaba las tareas mecánicamente, con un halo de hastío y desmadejada como un muñeco de trapo.

Una mañana regresé como cada día al campo de trabajo pedaleando mi bicicleta, sin fijarme en las calles por las que pasaba, las personas que me saludaban a mi encuentro, los transeúntes que bullían por las calles, los cientos de escenas cotidianas que pretendían normalizar la vida, pese al horror que allí acontecía y que arrancaba miles de vidas. Apenas llegué a mi pequeña oficinita, instalada en un rincón de un barracón, me obligué a sobreponerme para el duro día y tratar de ayudar a los demás desde mi propio dolor y soledad. Era como un desierto y un árbol seco, estéril y yermo que, carente de vida, trataba de dar vida desde la muerte, de ayudar a los demás desde mi derrota. Paseaba entre los barracones con mi vieja mochila de cuero atestada de productos de higiene, mis galletas, algún mendrugo y el tesoro de una pequeña onza de chocolate. Lo habitual es que los famélicos y tristes habitantes del campo, quienes se paseaban como fantasmas sin rumbo, me asaltaran a mi paso haciéndome todo tipo de peticiones, comida, ropa, escribir una carta, y siempre siempre, auxilio, una mirada, una caricia, un reconocimiento a su persona como ser humano. Debajo de aquellos harapos y cuerpos desnutridos moraban seres humanos vivos.

Ella estaba en un pequeño agujero de un barracón, sumida en la oscuridad. No se distinguía nada de su figura, pues las sombras la cubrían y su cuerpo hecho un ovillo permanecía inmóvil, estaba recogida sobre sí misma. Me detuve porque algo me llamó la atención. Fijando mi mirada fue cuando pude distinguir que aquella oquedad estaba habitada, pues palpitaba un ser vivo, alguien que, como una alimaña, se ocultaba del ajetreo del campo. Sería una joven de no más de 20 años, poco más joven que yo misma. Solo brillaban sus chispeantes ojos y tan solo su respiración profunda y cálida la delataba. Me acerque con cierto arrobo y sensación de respeto. Ella abrió aún más los ojos. Pude comprobar que su cuerpo estaba debilitado y castigado por el hambre. Esos esqueletos vivientes, almas descarnadas que vagaban sin rumbo y que clamaban a la humanidad. En sus brazos llevaba algo que apretaba contra el pecho con fuerza. Acerqué mi rostro y un olor familiar me invadió, una mezcla de olor a hogar, la calidez de un fuego en la chimenea y cierto olor ácido. Aquella joven llevaba y ocultaba entre sus brazos a su pequeño bebé recién nacido, que, inmóvil, succionaba su pecho famélico. Aquella *madonna* amamantaba a su pequeño en la más absoluta clandestinidad, ocultándolo en una oquedad del barracón. Ella cerró los ojos y comprendió que yo era partícipe de su secreto. Respiró profundamente y se dejó llevar. Cuando terminó y se cubrió el cuerpo, envolvió con esmero y delicadeza a su hijo en unos paños, que antaño habrían sido de un blanco titanio, y depositó el cuerpo en un mullido lecho de hojas de arce que había fabricado con todo el amor de una madre amantísima. En aquel momento comprendí sin palabras, sin lecciones teóricas y con la mayor dureza, que el amor es una realidad que existe y habita entre nosotros, que nadie lo puede destruir y que es la fuerza mayor

62

del universo. Aquella joven se alejó del lugar sagrado echando miradas furtivas al lugar donde yacía el milagro. Ocultaba a su hijo del horror. No solo aquel hueco era una salvación para el niño, sino era la salvación de la madre, era el lugar donde se producía el encuentro sagrado, donde ella misma era capaz de convertirse en humana y demostrar al mayor de los horrores: que el ser humano es el hacedor de los milagros y que el amor es el mayor instrumento del que nos ha dotado la existencia y Dios para identificarnos como lo que somos, hijos de Dios, hijos de la vida. Aquel descubrimiento me estremeció el cuerpo de arriba abajo y conmocionó tanto mi alma que las lágrimas acudieron a mis ojos. Una mezcla de alegría, conmoción y esperanza habito en mí. Entonces, mi amado Julius apareció dentro de mí y sentí cómo asentía con la cabeza, sin palabras, diciéndome: «Ese es el camino, Etty, recórrelo. Yo soy el amor, todo es amor y nadie lo puede poseer ni destruir». Entonces S habitó en mí y ya nunca se marchó. Mi amiga Clesilda y sus hermanas hojas de arce se convirtieron en el nexo y vínculo entre yo y mis recuerdos. Por eso cada hoja que veo a mi paso me recuerda a Julius y el amor que habita en mí. Gracias, Clesilda, por recordarme quién soy y lo que he venido a entregar a este mundo.

La magia de las palabras y el poder de la escritura

Las manos y los dedos atenazados por el frío, agarrando con fuerza un pequeño carboncillo que me sirve como pluma estilográfica y escribiendo en un pequeño papel, el envoltorio de una galleta, este es mi actual escritorio, el escritorio de un pobre de la tierra que se aferra a la escritura como una oración salvadora. Mi natural letra grande y expansiva propia de mi fogosa juventud ha tenido que dejar paso a una letra contenida, pequeña y forzada en sus trazos. Apenas dispongo de material de escritura, el que tengo son restos de lápices pequeños y roídos, envoltorios de alimentos y cartones arrugados por la humedad. Mi vida continúa y mi diario sigue tratando de sobrevivir al horror y las vicisitudes del campo. Hace unos días, en un registro de mi barracón, los soldados encontraron debajo de mi camastro varios fragmentos de poesías que había confeccionado con el minimalismo de un artesano. La barbarie de aquellos hombres no quedó satisfecha con sustraerme las poesías, sino que las quemaron en mi presencia con grandes risotadas y aspavientos que me recordaron las ejecuciones sumarias de la inquisición y las persecuciones de tantos santos mártires de su fe. Aquella profanación de mi intimidad fue más dolorosa que una bofetada, arañó mi alma y estrujó mi corazón.

Después de aquello quedé conmocionada durante varios días. Siempre he dicho que la lectura es mi segunda patria y que prefiero dormir con libros que con hombres. Desde que S me animó a leer a san Agustín, el Evangelio de Mateo y mis rusos dolientes, mi vida se trasformó de un páramo árido en un vergel frondoso y verde. Cuando me encontraba en el campo de Westerbork disponía de mi «biblioteca universal». Allí mis amigos eran Rilke, Dostoyevki, Tolstoi, la Biblia, los evangelios... Su sola presencia, el saber que disponía de ellos cerca de mí me daba paz y sosiego, y me infundía ánimo. Me sentía privilegiada de poder disponer de su sabiduría cerca de mí. En muchas ocasiones tan solo acariciaba su portada y sus páginas, que se habían trasformado en amarillentas. Me encanta el tacto de los libros y el olor que desprenden a sabiduría, generaciones aquilatadas en sus páginas que producen un aroma a incienso sagrado. Y es que para mí un libro es sagrado, no es un objeto, es un vehículo de comunicación a otros mundos, a otros seres, a otras historias. Cuando Julius me animó con lecturas que ni siquiera yo me hubiera atrevido a sospechar, también me empujó a escribir mi diario. Desde entonces no he parado hasta llegar a este campo frío, desierto de horror. Ahora mi biblioteca universal no ha podido viajar conmigo en aquel tren atestado de personas hacinadas como si fuéramos ganado. Desde la época de Westerbork tomé la decisión heroica de que, cuando me marchara a un campo de trabajo, prepararía en mi mochila un acomodo como si de un lecho se tratara para mi Biblia y mi *Libro de horas* de Rilke. Estos serían mis ángeles de la guarda y aquí están, tan pegados a mí que se han convertido en mi propia carne. Por sus páginas corre mi sangre y son movidas por mi aliento. Los escondo debajo del colchón de paja podrido por la humedad y la magia que ellos desprenden hace que su lugar, su pequeño lecho, huela a sagrado. Durante el resto del día trato de llevarlos conmigo, por eso huelen a mí, de tal manera que en mí viven profetas, santos y sobre todo mi amado Rilke, el hombre que me enseñó a escribir y a ensoñar poemas como si fueran pompas de jabón. Cuando el desaliento me embarga o me quedo bloqueada por alguna situación, echo mano de mi *Libro de horas.* Lo abro al azar y allí encuentro la solución, como si de un libro oracular se tratara. Entonces, siempre de una manera espontánea, me asalta la imagen de Rilke sentado a la sombra de un almendro en una campiña mediterránea. Él me sonríe y con un gesto de la cabeza me dice sin palabras: «Pequeña Etty, este es nuestro jardín secreto, el jardín de los sueños y la poesía, nuestro Edén. Estoy en tu corazón, déjame ahí contigo, calentito, solo para ti». Y es que una sola frase de Rilke es capaz de iluminar todo el día. Porque las palabras son mágicas y en las adecuadas manos producen milagros y vida. Por eso siempre quise ser escritora, como mi Rilke y mi Dostoyevski, pero la vida me ha convertido en una escritora de envoltorios de galleta y cartones. Aun así, cuando bajo el frío helador de estas tierras mis manos agarran el pequeño lapicero y los mágicos trazos dibujan sus cabriolas en el cartón, se produce algo mágico y numinoso que precede al milagro de crear vida. Quizás por ello en mi diario del 15 de septiembre decidí firmar aquellos legajos como «El corazón pensante de los barracones». No había mejor metáfora para mí, un corazón amoroso que piensa y se da a los demás y que atestigua toda su peripecia vital a través de sus escritos. Para mí la escritura no es un acto narrativo, sino sagrado, una oración a Dios, una invisible escalera que se eleva al cielo y por la que suben y bajan poesías pegadas a las alas de los ángeles. ¡Moriré cuando deje de escribir, sucumbiré cuando no me acompañe ningún libro y el mundo terminara al perder la magia de las palabras! Mientras tanto, ¡oh, Dios!, tómame en tu gran mano y conviérteme en tu instrumento, haz que pueda escribir.

Mi alma está fértil para tu cosecha

Hoy me he asomado al quicio de la puerta del barracón, porque el ruido y escándalo del exterior me ha sacado del ensimismamiento en el que me encontraba; era un estado intermedio entre la meditación, la ensoñación y la imaginación activa. Los gritos de los soldados, con esa aspereza del lenguaje, rasgaban el silencio que se alza sobre nuestro frío campo rodeado de bosques sombríos. Desde la puerta pude verlos, a mis compañeros, a mis personas queridas, a aquellos miles de rostros de grandes ojos buscando una respuesta a la vida, como les hacían formar en una interminable fila de esqueletos huesudos tambaleando, ateridos por el frío y el miedo; sus ojos ya vacíos, sin vida; sus labios, temblorosos, pronunciando calladas oraciones a un Dios que no parece escucharlos. El barro de las lluvias de los días previos ha enfangado el campo, que parece un lodazal. Los soldados, con una precisión marcial, los alinean a empujones. Algunos por la debilidad caen al suelo, como una anciana de pelo blanco y rostro luminoso. En un rápido acto sin solución de continuidad, un joven soldado, que podría ser su nieto, la golpea con la culata del fusil y allí mismo se ensaña con ella en un desgarrador acto de crueldad. La sangre se mezcla con el barro y la nieve. El yaciente cuerpo es retirado de la formación por dos ayudantes improvisados de los prisioneros. Nadie se atreve a mirar. Todos miran de reojo, aparentando indiferencia, tratan de mantener la dignidad, la profundidad de lo humano, aunque sean tratados como animales y bestias, o peor aún, como objetos inertes desposeídos de alma. Una madre abraza a sus dos jóvenes hijas contra su pecho para que no contemplen la escena. Ella las consuela y les susurra palabras ininteligibles a los oídos, mientras trata de balancearse a un ritmo acompasado para calmarlas, como las nanas que les cantaba cuando yacían en sus cómodas y suaves cunas. Esa madre no aparenta miedo, es valiente; sus hijas le dan una fuerza inaudita y una energía sobrehumana llena su rostro y su cuerpo. Conozco cada rostro, cada persona. Sé sus nombres, sus oficios, sus vidas, sus dramas. Cientos de veces me he parado a hablar con ellas, les he cogido de las manos, las he mirado a los ojos y he sido bálsamo para sus heridas. Cada una de ellas y sin saberlo me ha mostrado una cara de Dios, pues en todas ellas habita él; pero también habita en los soldados, que con su brutalidad asesinan vidas y mancillan la humanidad. Las paradojas de la existencia, Él existe, Él está, Él siempre es, pero sus manifestaciones son tantas como posibilidades da la existencia. Solo a través de una mirada profunda puede percibírsele allí escondido, dentro de cada alma, en lo profundo de cada ser, por debajo y por dentro de la apariencia, el movimiento y el ruido. Algo allí oculto, en esa profundidad, capta mi atención. Entonces me quedo hipnotizada y ensimismada por aquella profundidad que viene de algo oculto, permanente y estable. Entonces todo lo que acontece en el exterior se convierte en una escena teatral, cómica, sin sentido. Es ahí, en ese momento, cuando una profunda paz y amor invade mi ser, desde el centro del pecho hacia todos los lados, incluso más allá de mí misma, y como un éter es capaz de envolver personas, escenas, árboles, todo aquello que me rodea, pues yo ya no existo como algo separado, sino que soy parte de esa energía, de ese algo profundo que me invadió.

Esa sensación me invadió cuando observaba la escena de los presos formando entre los barracones. Atentamente seguí sus arrastrados pasos por el barro, mientras se dirigían con trémulo ritmo hacia el barracón de la colina, culminado por una gran chimenea oscura, tótem de la muerte y símbolo del fin de sus míseras y dolorosas existencias. Los soldados los golpeaban para que a la mayor velocidad recorrieran los escasos cien metros que separaban los barracones, habitaciones de la colina de la muerte donde sus vidas eran exterminadas gaseándolos y quemándolos. Ellos lo sabían, sabían que eran sus últimos pasos sobre la faz de la tierra, y temblorosos caminaban como en una procesión solo rota por sollozos callados, oraciones, gemidos reprimidos y algunos insultos y exabruptos, que recibían su correspondiente agresión física. Pero no eran ellos los que se dirigían hacia la cámara de gas, era la humanidad entera la que desfilaba y los millones de seres humanos muertos por la barbarie de sus propios hermanos, a lo largo de todos los tiempos. Aquello no solo era un genocidio a un pueblo concreto, en una época concreta de la historia; allí se estaba repitiendo una y otra vez, la misma situación que se ha producido miles de veces y que seguirá produciéndose, la barbarie humana, el rostro del mal rugiendo como una sanguinaria bestia que devora a mordiscos a Dios.

Todas las semanas contemplaba aquella dantesca escena, forzándome a mí misma a buscar a Dios en aquel horror, para intentar no sucumbir a la desesperación y encontrar el verdadero sentido a todo lo que acontecía. Una y otra vez venía a mi mente el salmo que encontré al abrir al azar la Biblia en el tren que me llevó al campo y que escribí en una hoja de papel arrojada a las vías, como si fuera un testamento de vida, como el náufrago lanzando mensajes en una botella, en espera de que alguien los reciba: «Dios es mi cámara alta». Cuando observaba aquellas escenas, espontáneamente como una letanía aparecían aquellas palabras en mi corazón, que se habían quedado grabadas indelebles por el dedo de Dios, como hace miles de años grabó las tablas de Moisés en el Sinaí. Mientras las observaba, siempre se producía el mismo fenómeno. Cuando encontraba aquel punto de mirada profunda y era capaz de anclarme en el silencio de las vidas, era capaz de sentir el palpitar de la existencia. Entonces nuestras pequeñas vidas dejaban de ser importantes, porque eran efímeras, lo importante estaba encerrado en las profundidades.

En ese momento era cuando podía verla. Jugaba revoloteando, de arriba abajo, nadie reparaba en ella. Era una pequeña mariposa de alas azules, que se desplazaba entre las personas sin ser vista, en apariencia, por nadie. Solo los niños parecían seguir su vuelo, pues acompañaban con sus ojos y sus pequeñas cabecitas los movimientos y cabriolas de aquel ser mágico. Recuerdo la mirada de aquel niño cogido de la mano de su abuelo, que parecía absorto observando el insecto. Abría sus grandes ojos negros y reía bajo el magnético volar, mientras su abuelo con lágrimas en los ojos lo arrastraba hacia la muerte. Aquella mariposa salía de la nada, aparecía súbitamente y una extraña luz tenue la alumbraba, dándole un cierto aspecto fantasmagórico. Tal y como aparecía, cuando los presos llegaban a la cámara de gas y eran introducidos en el habitáculo, desaparecía de manera milagrosa. Los acompañaba en todo el trayecto y con sus alas les rozaba sutilmente sus cabezas y rostros, como si fueran las alas de un ángel. Sus rostros entonces se iluminaban y una suave sensación de rendición y paz aparecía. El llanto y los gemidos cesaban y un extraño silencio invadía la escena. La mariposa de Auschwitz, el ángel de la paz, la pequeña mariposa de Etty que descubrí años atrás cuando me encontraba en el campo de Westerbock y asistí a una escena similar.

Por aquellos años y tras la muerte de S, yo me afanaba en seguir fielmente sus consejos y recomendaciones: buscarme a mí misma, conocerme, escribir mi diario y leer los evangelios, la Biblia, mis rusos favoritos, san Agustín, Rilke... Eran lecturas complicadas para una joven como yo, que, pese a estar criada en la fe judía, era atea, pragmática y muy materialista. No obstante, mis experiencias en el campo de trabajo, mi relación con Julius, el dolor por su pérdida y aquel trabajo de autoconocimiento comenzó a mover las piedras de mi alma. Algo había allí en lo profundo que había que desenterrar. Una fuerza sobrehumana me impulsaba a sacar lo que había en el profundo pozo de mi ser. Apenas estaba moviendo las primeras piedras.

Un día asistí en el campo a la separación de una madre, la señora Frankl, de su hija de siete años. Ella fue incluida en la lista de los lunes para ser deportada el martes a un campo de trabajo. En el andén de la estación asistí sobrecogida por el miedo y la emoción a aquella escena terrible: madre e hija, abrazadas y llorando, eran incapaces de ser separadas pese a utilizar la fuerza inhumana y bestial de varios soldados. Fue allí cuando la atisbé por primera vez. Apareció de la nada, fue breve. Creí que era una ilusión óptica, me froté los ojos, pero allí estaba sobrevolando la escena, sin ser vista por nadie, revoloteando con su azul celeste. Apenas apareció unos segundos. Solo la niña pareció verla y al instante cesó en sus sollozos. La madre se rindió y los soldados amainaron en sus acometidas. Aquello sucedió rápido, casi no reparé en ella, pero con el tiempo se fue haciendo más presente.

Conforme seguía trabajando en mí, según movía piedras y desenterraba con uñas y dientes el tesoro que tenía dentro de mi profundo pozo, aquella mariposa se hizo más presente. Ahora lo sé, antes no. Ahora tengo la certeza, antes tenía dudas. Mi alma estaba preparada para tu cosecha, solo debía seguir regando mi campo e iluminando mi sol.

Algo nace en mí

«Algo está ocurriendo en mi interior, pero soy incapaz de vislumbrar qué ni qué alcance tiene. Ya no soy la Etty sensual y corporalizada, soy otra. Hay otra alma que está emergiendo y configurándose como si fuera una doble personalidad para mí desconocida hasta este momento». Esta era mi impresión cuando me encontraba en el campo de trabajo de Westerbrock. Seguía trabajando en mi diario, continuaba con mis lecturas y reflexiones, siguiendo el consejo de mi querido Julius.

Había establecido una rutina diaria para que mi vida estuviera sistematizada y nadie pudiera alterarla. Todas las mañanas, en el frío cuarto de baño de mi casa y sobre la alfombra de coco de la bañera, realizaba media hora de ejercicios y gimnasia que estiraba mi cuerpo y mis músculos para el devenir de mi vida diaria. Mi vida sexual había dejado paso a una vida más física, más enérgica. Cada tendón de mi cuerpo, cada fibra estaba en tensión, para mantenerme como la cuerda del arco, tensa y dispuesta a ser disparada. Soy como un gato desperanzándome y moviendo mis brazos, mis piernas, mi cabeza, cada centímetro de mi cuerpo, para que este ser pueda ver nacer otra cosa, aun no sé qué. Confío en S. Él me refiere que el cuerpo es el templo del espíritu y que hay que mimarlo.

Mis años anteriores han estado presididos por una auténtica dejadez y agresión a mí misma, no solo por mis atracones de comida, sino por el tabaco y la concupiscencia sexual. Una pasión desbocada me arrastraba por el filo de un precipicio desconocido, pero yo hacía caso omiso a mis señales interiores. Mi ansiedad era tal que esa angustia solo podía ser mitigada cuando comía chocolate y dulces, o bien mantenía relaciones sexuales pasionales y desenfrenadas. Pero luego, tras ello, un gran vacío se cernió sobre mí, la angustia volvió con más fuerza y un gran sentimiento de culpa me invadió. Los impulsos nacían dentro de mí y venían de la boca del estómago.

En ocasiones sufría fuertes dolores de estómago y la cabeza se convertía en una olla a presión que me estallaba por el dolor. El impulso que me nacía de la boca del estómago era como un gran pulpo que me atrapaba con sus tentáculos y me devoraba, era capaz de absorber mi raciocinio. Me introducía en su cueva oscura y profunda y allí, en la más absoluta soledad, era devorada por aquella bestia. Cuando yo le refería estas sensaciones a Julius, me decía que no luchara, que me dejara llevar, que la lucha alimentaba el miedo, y que el miedo, el pulpo y la angustia no existían, eran creados por mí misma, que yo debía integrar todo aquello en mi interior. El gran pulpo con sus tentáculos, la guarida profunda y oscura, y la angustia también, eran Etty. Debía aprender a verlos, quererlos y formar parte de su mundo. Solo así se desvanecerían. Yo no debía preocuparme, todo aquello eran energías que recorren nuestra humanidad, y esas energías solo van de un sitio para otro, electrizan nuestra existencia. Lo que debemos hacer es canalizarlas, encaminarlas. Yo solo debía seguir sistemáticamente con mis lecturas, mis ejercicios físicos, mi escritura y meditar.

Al principio, aquello de meditar tenía resonancias para mí orientales. A mi imaginación acudían las imágenes de grandes montañas nevadas donde unos lamas del Tíbet en difíciles posturas realizan ejercicios físicos y respiratorios. En alguna ocasión en la biblioteca había caído en mis manos algún libro que versaba sobre el yoga. S me repetía con insistencia que el fundamento de todo era la consciencia y la atención, y que nuestro objetivo era perfeccionar nuestra percepción y encontrarnos en el presente siempre eterno. Su maestro, el profesor Jung, era un gran estudioso de las tradiciones orientales. Él había aprendido junto a él muchas técnicas, desde la imaginación activa —una especie de visualización y trabajo con la imaginación— hasta ejercicios respiratorios y meditación budista. Julius me lo contaba todo con gran énfasis y exaltación y yo callaba y escuchaba con absorta atención sin casi darme tiempo a procesar y reflexionar toda aquella información. Desde niña yo había sido muy inquieta y nerviosa. Al igual que mis hermanos, no era nada tranquila, siempre iba de un sitio para otro. Mis padres y maestros me regañaban por mi inquietud, por no parar. Julius me hacía una propuesta, complicada para mí: estar sentada, callada, respirar y concentrar mi atención en la respiración.

Todos los días, cuando Julius me preguntaba sobre cómo había ido mi día, yo me enzarzaba en relatos prolijos sobre mi trabajo en el campo, las personas que había visto, lo que me contaban, sus pequeños dramas personales, sus vidas desgarradas. Él, una y otra vez, con la paciencia del maestro sabio, me cogía de la mano y me decía si había leído, qué había entendido, si había practicado mis ejercicios, qué había escrito y si había meditado. En muchas ocasiones le mentía y le decía que había meditado unos minutos, pero él y yo sabíamos que no era verdad y seguíamos el juego. Cada día posponía comenzar a meditar, pues me parecía una pérdida de tiempo. Huía de aquel estar muerto en vida.

Una mañana, tras hacer los ejercicios en el cuarto de baño y mientras me peinaba el cabello, mirándome frente al espejo enfoqué la atención en mis ojos, mis profundos ojos marrones almendrados. Algunas pequeñas arrugas surgían incipientes por los párpados. Mi atención quedó fijada en aquellas arruguitas apenas visibles. Fijé más mi atención y sin apenas darme cuenta había dejado de cepillarme el cabello. Veía las arrugas y los ojos como si no fueran míos, como si fueran de otra persona. Aquella visión comenzó a trasformar la realidad. Los ojos eran grandes y profundos lagos. Mis pestañas eran altos palmerales que crecían en la orilla de aquellos lagos y las arrugas eran pequeños ríos que desembocaban en ellos. Seguí absorta en aquella imagen, que nunca había visto, ni siquiera intuido. Mis cejas eran poblados bosques de altas hierbas y mi prominente nariz era una gran cadena montañosa que estaba viva y que exhalaba viento. Mi boca era una carnosa fruta que escondía algún tesoro preciado. Instintivamente me miré las manos: allá se encontraba todo el mundo conocido, llanuras, montañas, valles. Muchos mundos que conformaban mi ser, mundos desconocidos que habitaban en mí y que siempre habían estado silenciosos, ahora parecían llamarme requiriendo mi atención. Por un momento, perdí la noción de que me encontraba en el cuarto de baño de mi casa; más bien parecía encontrarme en un mundo desconocido hasta entonces por mí. Me sentía atrapada y fascinada por lo que veía. Volví mi rostro y el baño ya no era como siempre lo había visto. Una tenue luz oculta dentro de las cosas alumbraba desde dentro cada objeto: el peine, la pastilla de jabón, el pequeño mueble del baño. Todo tenía una sensación de irrealidad y, por el contrario, era más real que antes. Era como si cada objeto tuviera vida propia y pudiera llamársele por un nombre. Cada objeto tenía una vida y biografía propia y eran tan sagrados como mi propia vida. Algo nacía en mí. Desconocía lo que era, pero en aquel instante decidí que meditaría y alumbraría aquello que, dentro de mí, me mostraba otra forma de ver.

Recordaba que mi maestro Rilke hablaba de «abrir nuestro espacio interior». Esa profunda reflexión, junto a aquella experiencia, me hacía pensar que yo era capaz de escuchar internamente cada objeto, cada cosa, como si pudieran hablarme de quiénes eran, qué hacían en aquella vida, cómo eran sus vidas. Los objetos tenían tanto derecho a existir como el árbol, el ave o yo misma. Solo se me podía ocurrir emplear una expresión que definiera aquello y venia del alemán: *Hineinhorchen*, escuchar, percibir por dentro las cosas. También el sabio Rilke, cuando hablaba de abrir el espacio interior, hablaba del espacio interior del mundo, *Weltinnenraum*, el mundo dentro de nosotros y esa infinitud que está dentro de cada uno, esos insondables mundos. No solo algo estaba naciendo dentro de mí, sino que aún no sabía que estaba meditando.

La chica que no sabía arrodillarse

Todo en el barracón es movimiento y ruido. En este lugar frío y húmedo nos hacinamos en literas carcomidas más de cien personas. Mi barracón es el de jóvenes y madres. Aquí cohabitamos como espectros viviendo en nuestros mundos, apenas sin identificarnos, casi sin hablarnos, casi sin mirarnos. La dimensión del ser humano ha llegado a un nivel donde lo humano se bestializa, nos hemos cosificado. Los rasgos más humanos los hemos perdido. Casi no hablamos, por lo que el lenguaje no es nuestro rasgo distintivo. Vestimos todos igual, con nuestro uniforme raído y sucio que han ocupado cientos de cuerpos con otros olores y otras vidas. Ningún gesto de amor ni de compasión, solo miradas furtivas y asustadas. Solo hay un retrete en el rincón sur del barracón y su hedor impregna todo el espacio. Los llantos de los niños buscan a sus madres, el hambre les desgarra. Los más pequeños se agarran a los pechos inertes y vacíos de sus madres tratando de estrujar la última gota de leche que no encuentran. Los más mayores chupan cualquier objeto que les pueda engañar el apetito. Reina un silencio terrorífico, del que sobresalen los llantos, los suspiros de la desesperación humana y los movimientos mecánicos de todas nosotras limpiando el barracón, hacendando los camastros y ocupándonos en tareas inútiles para mantener el cuerpo en movimiento. Cuerpo en movimiento, mente ocupada y anestesia del alma. Solo yo hago algo distinto, solo yo rompo esa monotonía tediosa, pero no por ello soy distinta a las demás. Me niego a perder mi condición humana, porque me recuerdo una y otra vez que soy Etty, la pequeña Etty, y nadie me va a quitar mi posesión más valiosa: mi humanidad.

Todas las mañanas, antes de que la bocina del campo suene y nos despierte al infierno de un nuevo día que quizás no tenga un mañana, salto en silencio de mi camastro, hinco mis rodillas en el suelo, me adentro en mí misma, enderezo la espalda, respiro y busco dentro mi propia humanidad. Busco ese gran pozo profundo y cálido donde nadie puede entrar y donde, como si fuera una muralla, me siento protegida. Es allí donde entablo esas largas conversaciones. Allí habita Dios y allí habita mi humanidad. La meditación se convirtió hace mucho tiempo en oración. La vida es una clara lucha interior, pero es emocionante. Desde que Julius me recomendó meditar y yo me decidí a hacerlo, ha sido la trasformación de la crisálida en mariposa. Aún siento que mis alas son torpes y no se despliegan en su totalidad. Ahora, aquí, en este barracón maloliente donde reina el dolor, la enfermedad y la muerte, hago el acto supremo y heroico de arrodillarme, bucear en mi interior y ponerme en contacto con Él. No podría describir mi sentimiento, pero en mi centro interior aparece un pequeño punto donde me retiro todos los días. Según me encuentro con este centro, cada vez se hace más grande. Según lo riego y lo alimento con mi contacto a diario, se va haciendo más grande y profundo, más cálido e inexpugnable. Desde aquí hay silencio, solo silencio, y paz, mientras que el exterior parece acontecer de una manera lenta y apenas me roza. Allí me espera él, allí está mi verdadera identidad. Eso solo lo sé yo, nadie puede arrebatármelo.

Pero hasta que llegó ese momento hubo un tortuoso camino lleno de espinas, piedras y peligros que me acechaban. Todos los días en mi alfombra de coco del baño, a la misma hora, de madrugada, resuelta me ponía a hacer mis ejercicios físicos durante media hora, mis estiramientos, mi teatralización corporal. Después de ellos, me sentaba en la taza del váter y comenzaba a practicar, tal y como S me había indicado, mis ejercicios de meditación: cuerpo recto, manos en el regazo, ojos cerrados y respirar. ¿Acaso hay mayor simplicidad? ¿Acaso es posible hacer otra cosa en esta vida que respirar y ser consciente de ello? Aquellas instrucciones tan

85

sencillas se convertían en un auténtico martirio. Por un lado, el cuerpo y las piernas se me entumecían. En ocasiones me sorprendía cabeceando y entrando en un profundo sueño que me producía ensoñaciones. En la mayor parte de las ocasiones, la respiración se me agitaba, produciéndome una gran ansiedad. Yo le contaba a Julius mis progresos y más aún mis fracasos, pero él me animaba. El camino es fácil pero difícil de transitar, y repetía una y otra vez que solo debía tener fe, entregarme a la práctica y no esperar nada de ella. Qué situación más extraña... Seguir como si no pasara nada, persistir en la práctica, algo acontecerá, algo nacerá de mí, o quizás no, pero hay que seguir. Todos los días, a la misma hora, ejercicio y meditación, una hora todos los días. Ese era mi momento, el momento de encuentro con el silencio, la fortaleza inexpugnable que nadie me podía arrebatar.

A lo largo del día muchos sucesos acontecían en el campo de trabajo, dolor, tristeza, soledad, pero aquel momento era mío y solo mío, y según continuaba mi trabajo de introspección, cada día se afianzaba más la rutina. Mi figura desmadejada del principio se comenzaba a erguir como un inhiesto ciprés. Sin yo quererlo ni desearlo, comenzó a aparecer una cierta dignidad regia. La respiración se había convertido en más profunda y esa profundidad me anclaba más hacia el suelo, como si una misteriosa fuerza de gravedad me atrajera hacia las profundidades de la tierra. Por aquel entonces me pareció tan curioso que escribí en mi diario que parecía que estaba echando raíces como un árbol frutal, aquel maravilloso árbol donde me esperaba sentado Rilke con sus poesías. La paradoja estaba servida: yo era una mariposa que trataba de desplegar sus alas y volar, pero a la vez era un árbol que echaba profundas raíces. Por entonces no comprendía, aunque para volar hay que estar anclado en las profundidades de la tierra para que la locura no nos atrape.

Y llegó un día cualquiera, un día en el que, como todos los días, concluí mis ejercicios y me senté en la taza del váter a bucear en mi pozo interior. Cada día con más rapidez me encontraba en las profundidades y entrañas de aquel centro. Súbitamente, con un gesto casi inapreciable, me deslicé hacia el suelo, me arrodillé y la meditación se convirtió en oración. Fue un acto espontáneo, súbito, un acto de libertad y a la vez de humildad. Este gesto era algo más que un gesto. La chica que no sabía arrodillarse encontró sin querer el modo de enraizarse y volar a la vez. Este sencillo e íntimo gesto, más íntimo que la propia sexualidad, se convirtió en mi escudo y a la vez en mi grito de libertad.

El arte del dolor

El dolor es un habitante habitual de nuestra alma. Para mí tiene un rostro propio, el de miles de personas que veo a diario, mi propio rostro, el rostro de Dios. El dolor es una fiera agazapada en nuestro interior que nos araña por dentro, que nos desgarra para salir y mostrarse ufano a los demás, diciendo: «He vencido. Aquí estoy. Esta es mi fuerza». Pero también tiene un perfume suave que impregna la vida y que emana del propio Dios.

Sin quererlo y sin saberlo, han sido muchos los años en los que he estudiado el dolor. El origen ruso de mi familia y la inclinación por mis autores rusos preferidos comenzaron a forjar en mí un auténtico arte del dolor. Si hubiera que decir que existe un gran maestro en el arte del dolor, ese es Dostoievski. Él preparó mi alma para asumir y recibir el dolor del mundo. Más tarde, la vida fue puliendo mi experiencia y mi dolor, hasta que llegue a comprender que vive de la lucha y de la desesperación.

Esta mañana cuando me dirigía a la fuente del campo para recoger suficiente agua para limpiar la letrina, tropecé con una piedra disimulada del camino y rodaron por los suelos el barreño metálico y mi cuerpo, que quedó tendido, inerte y empapado por el agua. Apenas mi cuerpo dolorido se percató de la situación, sentí un agudo dolor en el estómago. Un fuerte impacto hizo que perdiera la vista. Apenas pude darme cuenta de la brutal patada de un soldado vigilante, que había hecho que me encogiera por el dolor.

Pero súbitamente, más allá del dolor físico, apareció el dolor moral, la humillación de sentirme violentada en mi propia humanidad. Esa sensación de dolor moral apareció de la nada, del mismo lugar donde aparecen todas las cosas, de un centro invisible en el centro del pecho y en la boca del estómago. Esa energía te atrapa y te inyecta tristeza y rabia, y deja paso a la sensación de orfandad, de desvalimiento. La brutalidad irracional no puede racionalizarse. La violencia y la agresión solo tienen un antídoto: el amor verdadero. En ese momento y tras lo que me ha enseñado la vida, solo puedes centrar tu atención en ese dolor, en esa sensación, sumirte en ella y ver cómo esa energía se trasforma. Si somos capaces de no huir, de permanecer en esa sensación de dolor moral y humillación, y mirar directamente al verdadero rostro del dolor, esa sensación se comienza a diluir, se debilita, y detrás de ella aparece una ligera sensación de fortaleza, un sutil amor imperceptible que crece conforme nos centramos en él. Es entonces cuando puedes mirar a la cara de tu agresor. Allí te encuentras con sus ojos claros, percibes que es un niño vestido de soldado y eres capaz de amarle. Es una extraña sensación, pero el dolor da paso al amor. Desaparece la humillación y una extraña energía que bebe de la vida es capaz de trasformar lo que nos rodea. Los ojos de mi agresor me parecen bellos, su rostro tiene luz.

Entonces es cuando, mirando al cielo, alcanzo a ver un bello mirlo cantando en la alambrada del campo. Él nos mira juguetón. Él forma parte de mí y del soldado. La escena tiene un bello toque poético, algo grande y trascendente está oculto detrás de aquello. Mis dedos han conseguido rozar suavemente el secreto de la existencia. Quizás me esté volviendo loca y mi juicio esté comprometido, pero podría decir que detrás del dolor se oculta la belleza y el amor. Cuando uno atisba esa realidad, ya nada puede ser igual.

El ser humano sufre más por lo que imagina que por lo que en realidad sucede. Nuestra mente nos juega malas pasadas y nos saca de la realidad, la cual, aun siendo dura, es una gran maestra que nos instruye. Por eso la verdadera batalla está en nuestro corazón, contra el miedo y el odio. La verdadera batalla de la humanidad es contra estos dos demonios que habitan en nuestro interior. Debemos atravesar nuestro sufrimiento sin odio y esto exige el perdón sincero. Esto requiere una gran habilidad y la mayor de las valentías. No huir del dolor, asumirlo, empaparte hasta el tuétano, atravesar el odio y perdonar. Perdonar al otro requiere de la sanación y el perdón propio, y eso solo es posible a través del autoconocimiento y de la aceptación de nuestras luces y nuestras sombras, de nuestras contradicciones y, en definitiva, en la aceptación de nuestra propia humanidad. Si nos dejáramos llevar por el sufrimiento y el dolor, nos desesperaríamos, y esto hace que nuestro corazón envejezca. Si no perdonamos, la herida sangra y supura desde dentro de nosotros mismos, nos corroe y nos trasforma por el odio. Es aquí, en el corazón, donde hay que estar vigilante, al acecho, como cancerbero celoso que controla el paso de nuestras emociones. No hay mayor arte y más excelsa actuación que el perdón, la aceptación y el amor, lo que nos lleva no solo a una trasformación de nosotros mismos, sino a la trasformación del mundo entero. Me he dado cuenta de que hasta en la situación más difícil aparecen nuevos órganos que nos permiten seguir viviendo. Para poder luchar frente a las tinieblas y el dolor del mundo, para hacer frente al sinsentido y al dolor, hay que atravesar el sufrimiento sin odio, como si cruzáramos una densa niebla. Para ello la contemplación de la belleza del mundo es lo más importante. Siempre siempre quedarán los atardeceres, el cielo, observar el vuelo de las aves.

La belleza trasforma el mundo, porque belleza, amor y verdad son lo mismo. Me he convertido en una especialista en dolor. La vida me ha hecho pasar muchos exámenes, podríamos decir que me he graduado con honores en la universidad de la vida, y tú, mi Dios, me has hecho entrega del diploma que me faculta para poder no solo hablar sobre el dolor, sino para ayudar a los demás a atravesar la costra dura del suyo. Y es que lo más importante cuando hay dolor es no echarte la culpa a ti, mi Dios. Tú estás desvalido, Tú eres dolor; nosotros tenemos el deber moral y existencial de ayudarte a que lo superes y a que el mundo sea mejor. Qué pena cuando nosotros, tus creaturas, te difamamos y nos enojamos con el dolor que anida en nuestros corazones, como si nos castigaras, como si fueras responsable del dolor y el odio en el mundo... Tú estás herido, estás desvalido ontológicamente y solo puedes confiar en nosotros para que te tendamos la mano y juntos superemos las tinieblas. Este quizás es el principio fundamental del arte del dolor, ya que sin él no podremos luchar ni vencer al miedo y la angustia.

Uno de los elementos fundamentales es la dignidad que hay que poseer para afrontar el dolor y la aceptación. La lucha y el rechazo del dolor es lo que produce el sufrimiento. El dolor siempre existe, pues es consustancial a la propia vida, como la belleza, el amor y la verdad. Dado que el dolor es inevitable, el sufrimiento es opcional, por lo que acogerlo en nuestro interior y prepararle una estancia especial en nuestro corazón es fundamental. ¡Cuánta valentía se requiere para aceptar el dolor, quedarse junto a él, no huir y permanecer a su lado en estrecha unión! Cuando el dolor nos quiera arrastrar a la desesperación, al sinsentido, debemos creer profundamente que todo tiene un sentido y que ese dolor obedece a algo, a un porqué, puesto que todo está interrelacionado por invisibles hilos que la existencia teje en el tapiz de la vida. Solo a partir de la vulnerabilidad y la aceptación de nuestra propia debilidad nos haremos fuertes y podremos mirar al rostro del dolor con la cabeza alta y desafiando la tormenta.

Por último, conozco un pequeño truco existencial que siempre me funciona: vivo mi vida minuto a minuto, con la intensidad y la fuerza que Dios me ha dado. Mi mente se golpea con los muros del pasado y del futuro. La verdadera libertad está en el presente, presente eterno, lo único que existe, allí es donde estoy yo y donde está Él. Aquí, en el barracón de este campo de trabajo, donde reina el miedo, la enfermedad y la muerte, está servido el dolor. Este nos lleva a la desesperación cuando nos proyecta al futuro que pretende ser esperanzador. En él reina la libertad y la utopía. De la misma manera, ese mismo miedo nos lleva al pasado, recordando y rumiando escenas gratificantes de nuestra anterior vida, amores perdidos, comodidades imposibles y el amor protector de nuestros padres. Pero pasado y futuro solo son proyecciones de una mente agitada por el miedo.

El verdadero esfuerzo titánico consiste en permanecer en el presente y ser solidarios con nuestros hermanos, que están perdidos en la angustia. Quizás sea egoísta en grado sumo, pero ayudando a los demás me ayudo a mí misma. Solo a través de la solidaridad con el prójimo encuentro ese presente eterno que me ayuda a entrar en mi pozo hondo y fanganoso, y desenterrarte de ese abismo, Dios mío. Todo es un cavar hacia dentro, hacia las profundidades, y hacerlo de manera continua, con fe y perseverancia. Desde la fragilidad de una vida rota y superado con valentía el miedo y la desesperación, se atraviesa la costra de dolor. Allí nos encontramos con una ancha llanura donde reina la paz, la belleza y el amor. Es entonces cuando te das cuenta de que todo era irreal y que el verdadero tesoro está dentro de ti, que no pertenece a nadie, ni siquiera a ti, pues ese tesoro es Él, y Él lo impregna todo con tu perfume.

Soy un pajarillo escondido en tu mano protectora

No puedo abstraerme de que a mi alrededor hay dolor, muerte y enfermedad. Ese es mi mundo, no hay otro, y pese a que mi mente me juega malas pasadas y quiere huir hacia mundos mejores, me resisto y férreamente, me disciplino en no abandonar el barco del aquí y el ahora. Ese ejercicio continuo de anclarme en el presente me ayuda a echar raíces profundas e invisibles en la existencia. En muchas ocasiones mi temperamento nervioso e inquieto me saca de mi centro de gravedad. Entonces me tengo que reubicar en mi vida y buscar soporte en mi interior, en esa ciudadela interna que soy yo misma y que eres Tú, mi Dios.

El dolor tiene un ingrediente que debemos manejar con solvencia: la desesperación. Esta mañana, cuando nos ponían el rancho de comida como si fuéramos bestias a las que se les da de comer, sin mirarnos, tirando la comida, golpeándonos, una madre luchaba por la comida de su hijo. Parecía una anciana, pero no tendría más de treinta años. Aferrada a su cintura se agarraba como una roca su hijo, de no más de seis años, famélico, con los ojos hundidos y la boca agrietada. Ella, sin apenas fuerzas y con su hijo asido a la cintura, reclamaba otro plato de comida al orondo soldado que nos servía el rancho. La madre suplicaba, lloraba, y mientras alzaba con una temblorosa mano el plato metálico de comida, con la otra agarraba con fuerza la manga del soldado. Su hijo se dejaba balancear por los movimientos, agarrando a su madre. Esta, sin soltarle ni a él ni a la comida, demandaba más para su hijo. Esa situación, que yo observaba desde una distancia prudencial, era ajena al resto de las miradas. Aquella madre con su hijo eran totalmente invisibles para los cientos de personas que como animales nos arrojábamos por la comida. El soldado, ante la presión y la continua demanda de la madre, con un enérgico gesto se zafó del brazo de la madre, lo cual hizo que el plato de comida saltara por los aires y todo su contenido se derramara por el suelo. Del movimiento intempestivo, madre e hijo cayeron al suelo. Rendidos y exánimes, tomaban la comida del suelo y se la llevaban directamente a sus temblorosas bocas. Entre llantos sostenidos, rabia, hambre y dolor, comían aquellos restos de comida mezclados con arena, mientras el resto de los individuos seguía recogiendo su comida como si no hubiera pasado nada. En un acto reflejo, me agaché a ayudarles, mientras les susurraba palabras de ánimo y fortaleza. Pero ellos no me escuchaban, en sus ojos solo había desesperación y dolor. Cuando terminaron de comer, volvieron al barracón que les alojaba sin mediar palabra alguna conmigo. Un poso de tristeza se alojó en mi corazón. Fue entonces cuando recordé mi desesperación, mi inquietud, mi angustia por querer ser escritora, por querer ayudar a todo el mundo, por querer ser bálsamo de las heridas de todos, por animar a mis padres, por ser la mejor hija, la mejor amante, por ser la mejor escritora, por ser, por ser... Qué error tan colosal... Qué desconocimiento el querer Ser cuando ya Soy, querer y desear algo, cuando todo lo que tengo está en mi interior esperando a que yo lo rescate...

Las lecturas del Evangelio de Mateo que me recomendó Julius lo decían bien claro: hay que abandonarse y rendirse, no luchar, soltar, soltar y tener fe, sin miedo. Cuando las preocupaciones me invaden como alimañas, es ahí cuando me digo a mí misma que no puedo ser infiel a Dios. Por ello me tengo que abandonar totalmente, como el amante hace con su amado. Si crees en Él no puedes ser infiel. Debes ser coherente y entregarte con fe.

No sé cómo se ha producido esta curiosa trasformación de lo más profundo de mi ser, pero ha acontecido y me siento como un pajarillo escondido en tu mano protectora. Nada puede ocurrirme, o mejor dicho, todo puede ocurrirme, pero nada me puede dañar. Es como tener un escudo protector, invisible: yo me parapeto detrás de él y el mundo a mi alrededor se distancia de mí y me hace estar en una burbuja protegida por una mano cálida e invisible. No temo que alguien que escuche o lea esto me replique que estoy loca y que son imaginaciones mías, porque yo lo siento, y lo que siento existe, luego es real, a mí me sirve. Mientras reflexiono sobre ello, unos pequeños gorriones acuden prestos a recoger las escasas migajas de comida derramadas por el suelo. Ellos me miran con sus ágiles movimientos y yo me siento otro gorrión. Incluso vestimos igual, mi traje gris se convierte en sus plumas grises y sucias. Juega conmigo, hermano gorrión.

Cielos, llanuras y montañas en mi interior

Lo importante no es lo que ocurre fuera, sino dentro. Poco a poco he ido aprendiendo a mirar hacia mi interior. Según me ejercitaba en ello, me he ido trasformando. Mi mundo se ha transformado porque ha cambiado mi mirada. Cuando era una chica que no sabía nada del mundo, salvo que tenía que pasármelo bien, ir a fiestas, fumar y comer chocolate, o disfrutar del sexo con cuantos más hombres pudiera, mi mundo tenía una mirada opaca, densa, incierta. Antes, la angustia y el miedo residían en mí, todo era evanescente; ahora mi mirada es calmada, profunda, silenciosa. Cuando echo la vista atrás, veo el cambio, la trasformación orgánica de una vida que en realidad no me pertenece. Antes era inmadura, voluble, sexual, dispersa; ahora soy otra cosa, y me resulta muy difícil ponerla en palabras. Si escribiera como Rilke o san Agustín, seguro que encontraría la metáfora adecuada; pero soy Etty y mi talento es limitado. Quién sabe los órganos espirituales que rigen mi mundo... Ya no soy yo quien controla mi vida, es algo superior y que me trasciende el que opera movimientos sutiles y mágicos. ¿Cómo es posible que pueda sentir la belleza dentro del caos y el dolor? ¿Cómo es posible que nazca el amor en mí en medio de la enfermedad y la muerte? ¿Acaso mi locura me hace sentir cosas que no son ciertas? Prefiero no preguntarme nada, no tiene ningún sentido. Bastante tiempo de mi corta vida lo he pasado en disquisiciones existenciales que me confundían y solo era basura intelectual para sacarme de mi centro. Y es que lo verdaderamente importante es mi centro, o lo que yo llamo mi centro.

La trasformación alquímica comenzó su andadura de la mano de mi querido S: él me orientó, me instruyó y, sobre todo, me amó. Mis lecturas, su sabia y firme mano de guía, mi meditación, y luego esa extraña fuerza que me chupaba hacia el suelo y que me humilló; pero no en el sentido de humillación moral, sino de hacerme humilde, de sentir que yo era un pequeñito eslabón de algo más grande. Esa poderosa fuerza invisible que me atrajo hacia el suelo y logró inclinar mis rodillas en el suelo y me enseñó a meterme dentro de mí, buscar un centro en mi interior y profundizar cada vez más. Soy como un minero de mi propia alma. Algo de allá dentro me atraía, despertaba mi interés. Un magnético poder de atracción me succionaba hacia mis profundidades.

102

Al principio solo era una vaga sensación. Con el tiempo, cada vez que adoptaba la posición de rodillas, el camino hacia ese centro cada vez se producía más rápido. Era como si estuviera labrando caminos invisibles en mi interior. Sé que hay algo allá dentro y que yo solo tengo una misión: desenterrar y vaciar de escombros mi interior. Dentro de mi pozo hay piedras, arbustos, maleza, toneladas de tierra y barro que sepultan ese pequeño punto interior que ejerce ese poder de atracción sobre mí. El trabajo es agotador y nuestro cansancio y fatiga extenuante hace que desfallezcamos en muchos momentos; pero debemos continuar con fe decidida, una y otra vez, un día tras otro. Meditar, arrodillarme, meter la mirada dentro y buscar el camino angosto que nos lleva a un pozo lleno de obstáculos, y sin salirnos de allí, seguir profundizando, sacando rocas, limpiando de maleza, arrastrando lodo y arena. Recuerdo el día en que aconteció el milagro. Como todas las mañanas había concluido mis ejercicios físicos y en una postura sentada había comenzado a realizar las respiraciones que Julius me había enseñado, cada una con mayor profundidad, tratando de centrar toda mi atención en el vaivén de las inspiraciones y espiraciones que como un oleaje continuo expanden mi pecho y mi vientre. Apenas sentía mi profundidad, mi cuerpo ya había aprendido por sí solo a dejarse caer por la gravedad y reproducía el gesto más íntimo, que era arrodillarme en una postura lo más estable posible. Ya conocía que las rodillas enseguida me

103

hablaban con sus dolores y pinchazos, que trataban de atrapar mi atención. La cuestión residía en hacer caso omiso a los dolores y distracciones corporales, y seguir profundizando en mi respiración, buscando a ciegas un vislumbre del camino hacia mi interior. Los meses previos me había empleado a fondo en desenterrar cuantas rocas y maleza había podido de mi pozo y ese día el camino aparecía más definido y claro. Aunque era estrecho y muy pronunciado, apenas hube percibido la entrada me lancé con gran decisión a su interior. El milagro que aconteció aún hoy se me hace imposible y difícil de describir; incluso me da miedo contarlo, es tan mío que me cuesta compartirlo. Cuando me metí en el túnel era como si me moviera a gran velocidad, pero en el fondo estaba inmóvil. Era como si cayera por un agujero, pero solo existía silencio y quietud a mi alrededor. Como si mil soles explotaran en una galaxia, un destello casi hizo que abriera los ojos. Ya no existía el túnel, ya no había camino, ni lodo, ni rocas; solo había espacio, un amplio espacio como un gran cielo azul que se desplegaba en todas las direcciones y no parecía tener fin. Mi estado de ánimo cambió radicalmente, todo se convirtió en silencio amoroso bañado por una tenue luz anaranjada. Allí solo habitaba la paz, el silencio. De la luz anaranjada que bañaba todo el espacio emanaba un perfume de amor persistente, como el olor de los jazmines. Súbitamente me asaltó a la mente la imagen de la zarza ardiente que encontró a Moisés, pero rápidamente suprimí ese pensamiento, que me sacaba de la experiencia del momento. No sé qué era aquello, pero estaba en mí, en mis profundidades, pero no en mi cuerpo. Era un refugio interior, inexpugnable, que solo yo poseía, o mejor dicho, donde yo solo podía entrar. Me he preguntado muchas veces si era yo, era Dios o era mi inconsciente, pero eso da lo mismo, allí en mi interior hay extensas y elevadas llanuras sin tiempo ni fronteras. A través de mí corren anchos ríos y dentro de mí se alzan altas montañas. Tengo dentro todos los paisajes. Hay sitio para todos. Dentro de mí hay un pozo muy profundo y ahí dentro sé que está Dios. A veces puedo llegar a él, pero otras veces hay piedras y escombros que cierran el paso. Dios está enterrado allá abajo, hay que desenterrarlo una y otra vez, ese es nuestro trabajo, el trabajo para el que hemos venido a esta vida. Porque Dios está dentro, no está afuera. Nuestro trabajo es volver una y otra vez hacia dentro, eso hace que poco a poco vayamos desenterrando a Dios. He cumplido mi objetivo: que el interior se convierta en una llanura grande y espaciosa sin los arbustos traicioneros que te impiden la vista. Ahora, en este barracón donde nos hacinamos mujeres y niños, donde el diablo se pasea con sigilosa y aterradora presencia rugiendo y devorando cuantas almas puede, en un rincón, arrodillada y tan solo acompañada del lejano canto de un mirlo, desentierro mi pozo para encontrar mi cielo azul y mis amplias llanuras, donde la Luz es quien reina.

Mi oración, mi fortaleza

No puedo explicarlo bien, pero yo no creía en nada, no sabía arrodillarme y no sabía rezar. ¿Qué sabía entonces? Qué extraña es la vida y cómo juega con nosotros en sus cabriolas y escondites... Ni puedo decir cómo llegué hasta aquí ni cuál es la mano invisible que me fue guiando de manera suave y firme, y sin embargo conozco con certeza absoluta que todo estaba predestinado. Cuando jugaba con mis hermanos en nuestra casa al escondite, allí se ocultaba el maloliente barracón del campo de trabajo. Cuando miraba a Julius con arrobo cuando me hacía el amor, allí estaban los miles de ojos de mis compañeras de barracón. Ahora, en este instante, cuando miro por la ventana estrecha hacia un pedacito de cielo que aparece a mi vista con una hermosa nube, allí también está mi incierto futuro y se recapitula cada momento de mi vida. Porque pasado y futuro convergen en el presente, y solo desde ese presente estalla la vida, desde un pequeño punto apenas perceptible que contiene toda la energía del cosmos. Ese punto está escondido en cada uno de nosotros, en lo más íntimo, en nuestro pecho, y desde aquí fluye la vida divina y la nuestra, que en esencia es una y la misma.

Qué historia más curiosa la mía, la de la chica que no sabía arrodillarse y que no sabía rezar... Cuando la meditación me venció y algo invisible y poderoso me arrastró hacia el suelo fue cuando se convirtió en oración y me entregué en manos de Dios, en un acto de rendición total. Fue cuando mi escritura se convirtió en plegaria. Antes todo era superficial y banal; ahora todo es profundo y trascendente, desde mis movimientos hasta cuando me cepillo el pelo o me aseo la cara. He llegado a comprender que el cuerpo es muy importante en este acto trascendental e íntimo de la oración. Arrodillarme es el gesto más íntimo que poseo, más que el que tengo cuando estoy con un hombre. Un resorte especial se activa cuando me arrodillo. Cuando mis rodillas se clavan en el suelo, algo extraño acontece, pues de manera súbita conecto con mi interior, con una fuerza sutil y persistente que está alojada dentro de mí. No me cuesta trabajo entrar en mi celda, en mi fortaleza interior, solo tengo que arrodillarme y en ese mismo instante estoy descansando en mí misma, en mi interior. Allí hay Luz y Silencio, y esa tenue luz anaranjada que no sé de dónde emana, pero que ilumina mi interior como una lámpara.

Ahora escribo de manera apresurada estas palabras antes de que la luz del sol se oculte del todo por el tragaluz de mi ventana. Aún está viva en mi memoria la imagen de mi compañera de camastro, Rose, la prisionera 14789, la misma que está tirada en la cama en estos momentos con su pequeña Mary, su niña de 6 años, de grandes ojos negros, cuando las sorprendí esta mañana en un oscuro rincón del barracón acicalándose. Rose acariciaba sin parar a su pequeña, le atusaba el pelo, le decía cosas bonitas sobre sus grandes ojos y lo guapa que estaba. Rose mojaba sus dedos en la saliva y le pasaba por los labios como si quisiera pintárselos, le pellizcaba las mejillas para que se sonrosaran y, con lágrimas que querían saltar de sus ojos, le decía que todo iba a salir bien, que Dios no los abandonaría y que, cuando fuera al otro campo de trabajo, rezaría todas las noches al buen Dios y le mandaría un beso con el corazón. Mary apenas se movía y ni siquiera parpadeaba, no entendía nada, pero intuía que se tendría que separar de su madre. Una pequeña mueca de tristeza recorría su rostro redondo. Rose la abrazaba y le estiraba el traje roído del campo, mientras le decía cuánto la quería. Yo las miraba. Mientras, la escena era invisible a los ojos del resto. Ahora, mientras escribo estas palabras en el reverso de un papel de publicidad alemán con una esvástica, las dos, madre e hija, yacen en el camastro, rendidas y abrazadas la una a la otra, esperando el momento de la separación. Llegará el momento, alguien entrará,

109

súbitamente cogerá a la niña y la separará de su madre. Habrá dolor y llanto, habrá lágrimas y la violencia romperá ese sagrado vinculo, mientras las demás asistiremos al drama de un único acto, como espectadoras frías e inertes. Cuando comienzo a sentir la tristeza derramándose por el interior de las paredes de mi corazón, paro de escribir, las miro con amor e, inclinando mi rodilla en el suelo al lado de su cama, busco en mi interior la fuerza necesaria para traspasársela a madre e hija. Ellas no lo saben, pero estoy desenterrando a Dios de mi corazón para entregárselo como una ofrenda a ambas. Ojalá pudiera cogerlas de la mano y llevármelas a mi interior, y allí adentro, donde reside la fuerza vital de la Luz y el Silencio, ellas pudieran trascender su dolor y su tristeza.

Gran paradoja esta, pues la búsqueda interior no nos debe hacer perder la visión del mundo exterior; es aquí y ahora, en este lugar y en este mundo donde debo encontrar la paz, la claridad y el equilibrio. Por ello, mi Dios, tratare de ir a todas partes de tu mano e intentaré no tener miedo. Allá donde esté intentaré irradiar algo de amor, del verdadero amor humano que hay en mí. En ese momento abro los ojos y Mary me mira con sus grandes ojos. Una ligera sonrisa aparece en sus finos labios. Dios me mira.

La belleza de la vida

Todo es un milagro, la vida. La existencia es un misterio, un bello misterio, y solo nosotros somos capaces de descubrirlo. En un momento de mi vida todo se trasformó. La meditación se trasformó en contemplación, los escritos se trasformaron en oraciones y la vida en milagro. ¿Cómo es posible llegar a la belleza y el amor a través del dolor?

Cuando la jornada ha quedado atrás, camino junto a la alambrada de púas a paso ligero. Entonces surge directamente en mi corazón como una fuerza elemental: esta vida es maravillosa y grande. Hasta yo misma me sorprendo de ese pensamiento, de esa sensación que me invade toda como si una mano acogedora e invisible me protegiera. Es difícil de explicar. A pesar de todo, la vida es bella y tiene sentido. No importan las condiciones externas, solo las internas. Debo gritar con fuerza desgarrada que la vida me parece bella y que me siento libre. Los cielos en mi interior son tan inmensos como los que se extienden sobre mi cabeza. Hay un sentido oculto en el mundo exterior que tenemos que descubrir y yo me he hecho especialista en desvelarlo. Coqueteo y establezco un juego infantil con el mundo. La realidad se esconde y me elude, y yo con insistencia persigo sus pistas para retirar el velo de la apariencia y recuperar el verdadero rostro de la Vida. Observo que en los últimos tiempos la mía se ha convertido en un entretenimiento que trascurre con la intemporalidad del juego de los niños. Estoy casi convencida que el juego es un ingrediente fundamental para que la vida se suspenda en el tiempo eterno del infinito, y yo solo tengo que jugar, jugar sin sentido, para vivir con la máxima intensidad el eterno presente. En este presente eterno me asaltan miles de pequeños milagros cotidianos que nunca reparamos y que nos mandan señales de beatitud y amor. Cuando me preguntéis cómo lo hago, os tengo que reconocer que no tengo ni la menor idea. Todo ocurrió y aconteció de una manera orgánica, pausada, discreta, como crece un niño o la concha de un caracol. En muchas ocasiones pienso con temor que puedo perder ese don, pero entonces la aparición del miedo me saca del éxtasis cotidiano y tengo que volver a rendirme, abandonarme y dejarme llevar. Creo que eso es la Beatitud, sentir en el presente eterno los mundos infinitos y desvelar la realidad implícita de las cosas. Hay dos pequeños trucos que utilicé para abrir la puerta del infinito y los dos tienen que ver con la observación. Desde niña me gustaban las flores, la naturaleza, los árboles. Cuando mis padres nos llevaban a pasar los domingos en el campo, después del almuerzo incómodo y divertido en el suelo, yo vagabundeaba por los alrededores. Mientras mis hermanos jugaban a batallas y luchas épicas, yo me dedicaba a descubrir los pequeños secretos de aquel apasionante mundo y la campiña holandesa se trasformaba en una selva llena de tesoros. Las piedras refulgían como diamantes y rubíes. Los árboles eran bosques selváticos que escondían extrañas criaturas y aquel pequeño río cerca de la casa de los Hesse era el Amazonas inmenso. Todo era una aventura y solo la voz de mi madre llamándome me sacaba del arrobo y la observación. Cuando era adolescente y descubrí a Rilke, imitaba sus formas y maneras, y ya por entonces me sentaba a la sombra de un árbol para sumergirme en su poesía. Si podía, trataba de buscar un almendro, y si estaba en flor, mejor, era el escenario perfecto para que la belleza viniera a mi encuentro. En lo más profundo de mí, la poesía de Rilke y la belleza de la campiña fueron haciendo crecer un extraño y misterioso órgano de la percepción, de la percepción de la belleza. La belleza se contempla con el alma, con todo el ser. Cuando ocurre eso es cuando la belleza del exterior invade mi alma y cuando mi alma es capaz de proyectarse hacia afuera. No hay límites, todo es una sola cosa, dentro y fuera,

113

todo unido, sin solución de continuidad, todo en una armónica danza.

Pero, volviendo a mis pequeñas tretas para percibir la belleza en su inmensidad, solo puedo decir que creo que el abandono de sí, la presencia en el presente eterno y la atención a las pequeñas cosas son los principales ingredientes para conseguir vibrar a la par que lo hace el universo entero. Cuando me ponía a leer en el campo y una bella sonata había tocado la puerta de mi alma encontrando resonancia interior, cerraba suavemente el libro, me abandonaba y fijaba mi atención en un pequeño detalle del entorno. Cuando observaba aquel pequeño destello de belleza, se producía el milagro, como cuando una flor se abre con elegancia y derrama su perfume al viento. Aquellas pequeñas y hacendosas hormigas que trasportaban una espiga en sus diminutos lomos, como si trasladaran un bloque granítico para construir una pirámide; la majestad de aquel árbol milenario que con sabiduría afronta el paso del tiempo; un pequeño rayo de sol que pasa a través de las hojas verdes descomponiéndose en un arco iris de colores; la suave brisa que acaricia las ramas de los árboles produciendo una sinfonía melodiosa... Todo habla de belleza, existencia, amor, autenticidad. Descubro que yo no soy Etty, yo soy los árboles, las hormigas, el viento, todo, puesto que el mundo está siendo percibido por mí y yo misma soy percibida por un ojo más grande que el mío. Antes lo desconocía, ahora sí sé que todo ello es Dios: Dios en mí, en las hormigas, los árboles, las flores, el río... Todo es Dios, pues estoy inmersa y sumergida en él. Soy como un pequeño pececito que nada en el océano y ese océano es Dios. Pero eso lo es ahora, antes era incapaz de reconocer la verdadera esencia que se manifiesta a través del verdadero rostro de Dios: la belleza.

Pero Dios no está solo en los bosques, el río, los campos y las criaturas que lo pueblan, sino que está esencialmente en mi interior, en ese centro profundo y cálido de mi alma. Por ello, Él siempre me acompaña. Aquí, en esta realidad, muy distinta, dramática y cruel, también está Dios. Aquí elude más su presencia, se esconde tras un velo de dolor, muerte y enfermedad, pero sigue estando, en cada detalle, en cada pequeño rincón. Siento que mi vida ha sido todo un entrenamiento para poder llegar a descubrir a Dios en los demás y en el dolor. Y creo que lo he conseguido.

Hoy ha sido un día muy duro. Hemos trabajado desde el amanecer hasta que el sol se ha ocultado por las montañas del horizonte. Más de una veintena de compañeras no han vuelto al barracón, han desaparecido y no las volveremos a ver nunca más. Dos compañeras del barracón han fallecido en su camastro de hambre y agotamiento. Sus cuerpos han sido retirados arrastrándolos por el suelo como si fueran objetos inservibles. Hoy ha sido un día duro. Mientras mis manos y mis piernas, entumecidos por el frío y el dolor, descansan, mi cabeza permanece despejada. Entretanto ando por la valla de espinos a una gran velocidad, buscando el infinito con la mirada perdida en los cielos grises. Cuando paro delante de los postes electrificados, contemplo las pequeñas gotas de lluvia que caen con cadencia de las púas. Y allí, en cada gota, se abre un universo por explorar. Una gota gruesa contiene en su interior una pequeña chispa de luz retenida. Grávida cae y la luz que contiene en su interior se dispersa en el entorno. Aquí también existen los milagros, aquí también reside Dios.

Ver a Dios en tu rostro

No soy nada sin vosotros, la humanidad. Los otros me hacéis más humana, vuestros ojos y vuestros rostros me descubrís el verdadero rostro de la humanidad, el verdadero rostro de Dios. Leí en muchas ocasiones a san Pablo y nunca le llegué a entender. Hasta ahora. Ahora siento lo que él expresaba con su metáfora de la cepa y los sarmientos. Ahora entiendo perfectamente la unidad de todo el género humano y lo que representa pertenecer a esta gran familia, la humanidad, sin distinción de clase, raza ni condición.

Me hago más humana cuando mi mirada te reconoce, sé quién eres. Cada rostro es una vida, una biografía, unos sentimientos. Solo a través de su personalización y particularidad me hago más humana y mi trato se hace profundo e íntimo con el otro.

Es difícil de explicar, pero Etty no puede ser ella sin los otros, sin mi gran familia, los humanos, mis congéneres. Creo que en mi evolución personal los otros han sido los cinceladores de mi propia vida. Son los otros los que me han hecho más humana, más Etty.

Según profundizaba en mi pozo interior y trataba de desenterrar a Dios de mí misma, se hacía más evidente el ver a Dios en los demás. El conocimiento de Dios procede de la profundización hacia mi interior y mi disponibilidad hacia los demás. Me gustaría ser bálsamo para las heridas de los otros, pero la mayor parte de las ocasiones solo puedo acompañar, estar presente, una mano, una mirada, un ejercicio de compasión sin retorno. De esta forma me doy cuenta de que puedo desenterrar a Dios en los demás. Manifestar a Dios en el mundo quizás sea la tarea más preciada y excepcional que podemos hacer. Todo es sagrado, la vida es sagrada, pero hay que retirar los velos de la apariencia, de la materia, y observar con otros ojos los milagros que nos rodean. Dios es un hacedor de milagros a través de la vida y de la existencia, y nosotros somos sus trabajadores infatigables que cavan en la existencia para desenterrarle. Cuando lo hemos hecho, todo se ilumina con una Luz y un Silencio que nos conduce al arrobo y la admiración. Sin palabras. Sin imagen. Todo es sentimiento.

Los seres humanos nos hacemos santos dando a los demás, ofreciéndonos por entero y sin reservas. Desde el campo de trabajo de Wasterbrock y ahora aquí, en este pedazo de infierno terrenal, siempre la ayuda y el acompañamiento a mis semejantes, sin importar ni el cómo ni el porqué. Miles de rostros se agolpan en mi memoria, conocidos y desconocidos, pero en todos ellos late un alma viva que está unida a Dios. Dios me asalta a través de los ojos de los otros y, cuando ocurre tal milagro, se enciende mi interior. Te reconozco, estás allí dentro, dentro de cada persona. Soy la privilegiada que soy capaz de sacarte y reconocerte.

Intento desenterrarte de los corazones de los otros, Dios mío. Dios está en el fondo de los corazones, pero hay que escarbar y despejar el terreno, solo así la cosecha se producirá y germinará el espíritu. Siempre he dicho que Dios nos espera y nos necesita, está herido y vulnerable. Solo ayudándote a ti nos ayudaremos a nosotros. Por eso hay que sacarte de los corazones y las almas de los otros.

Para mí, las personas son como casas con las puertas abiertas. Entro en ellas, recorro sus pasillos y habitaciones, las conozco e identifico, y reconozco el lugar sagrado donde habita Él. Somos lugares sagrados y templos, en nuestro interior está lo más sagrado e inexpugnable. Según recorro los interiores de los demás, hago la casa más habitable para ti, Dios mío. Soy como una casera hacendosa que va preparando la casa para acogerte. La limpio, la caldeo y espero pacientemente al Señor. Esta labor es sagrada y solo desde mi interior lo puedo realizar. Te busco en todas las personas y siempre encuentro algo de ti en ellas. Lo más hermoso que conozco es mirar en el interior de ellas.

Todo esto solo se puede hacer a través de amar la singularidad de las personas, personalizar cada rostro, cada vida, cada historia. En muchas ocasiones creo que soy como una araña que teje su tela para poder atrapar su presa. La teje con esmero, paciencia, amor podríamos decir. Lanza sus hilos en todas las direcciones de la estructura y luego se encarama por ella, para y observa. Yo actuó de la misma manera que la araña con mis presas. Los otros, mis semejantes, la raza humana. Los miro y entro por sus miradas, por sus rostros, y voy tejiendo una suave tela de araña llena de compasión y amor que me introduce en sus corazones. Cuando esto acontece, ellos abren la puerta de par en par, y es ahí donde entro en sus vidas, en su casa interior.

Cuando en muchas ocasiones me pregunto cuál es la belleza capaz de trasformar el mundo, encuentro la respuesta en los demás. La belleza arraigada en la manera de vivirla y atravesar el mal, la belleza de una vida que ama, ayudando a cada persona, su singularidad, desenterrando a Dios en cada corazón de cada ser.

Ningún humano me es ajeno: niños, enfermos, soldados, verdugos, madres, ancianos. Todos somos uno, el mismo, los sarmientos de una cepa robusta enraizada en el cielo. Lo Uno se hace múltiple en la existencia, pero la diversidad de la existencia tiene que reconocer la unicidad de todo. La existencia es como un juego de espejos, y cuando hemos descubierto el engaño, somos capaces de ver la realidad del juego, la realidad de que solo hay una Vida, una Existencia y un solo Ser. Dios nos mira a la cara a través del rostro de los otros, y es entonces cuando nos percatamos de que somos nosotros mismos.

La muerte, la luz de un amanecer

En el tiempo que llevo aquí encerrada he visto y sentido muchos rostros, muchas vidas, y muchos de ellos los he dejado de ver para siempre. La muerte es la presencia más palpable de nuestra realidad, pero hasta la muerte es una ángel bello que nos proporciona una luz misteriosa sobre la vida. Quizás desde mi juventud no debería estar preocupada y enredada en pensamientos de muerte y aniquilación, pero siento que llegar a mirar a la muerte directamente a la cara representa haber traspasado los límites de la vida y poder ver la cara oculta que está al otro lado, puesto que vida y muerte es lo mismo, el mismo hecho desde dos perspectivas distintas. Tan difícil es definir la vida como es definir la muerte, pero Dios las contiene a ambas. No es posible filosofar sobre la muerte en un campo de la muerte, puesto que nuestro día a día es muerte, muerte y vida, existencia descarnada donde solo se muestra lo que existe, Dios en su inconmensurable existencia.

Ayer en la mañana se llevaron a más de cincuenta compañeras de barracón a las cámaras. Entre ellas había niñas y ancianas, personas con las que había compartido mi vida, en cuyos ojos y rostros había podido desenterrar a Dios. Me había convertido en más humana a través de sus gestos, sus caricias y su compasión. Aquellas mujeres de todas las edades, aquellos seres humanos extraordinarios que habían sido tan valientes para sostener sus vidas en el dolor y el hambre, ya no moraban entre nosotros. Tan solo sus cenizas formaban parte de nuestro aire, se podía aún respirar sus almas y sus olores, que impregnaban todo, nuestros vestidos, nuestros rostros y nuestras vidas. Sus lechos vacíos con sus mantas revueltas delataban su antigua morada, mientras su recuerdo llenaba nuestras vidas con un poso de felicidad. Ya no sufren, ya se han liberado, ya existen en sus paraísos ayudándonos desde el otro lado. Como ángeles invisibles, nos protegen con sus alas y nos susurran palabras de ánimo en nuestra conciencia. Aquí no tenemos que pensar en la muerte, solo tenemos que vivirla, saborearla. Impregna cada gesto, cada momento, cada pulso de vida.

Mientras escribo este pequeño texto con un carboncillo pequeño en una diminuta hoja de papel de embalar, anónimo lector del futuro, pienso que es posible que ya no pueda comunicarme más desde esta orilla del mar y que mis playas sean otras cuya arena no puedas aún pisar. Quién sabe si mañana formaré parte del aire inhalado por mis compañeras de barracón... Si es así, no habrá nada más extraordinario que ser respirada por mis compañeras, formar parte de su piel y pegarme a sus vestidos y manos. Acepto mi muerte, al hacerlo he ensanchado mi vida. Creo que en ningún momento ha sucedido que vida y muerte se fusionen e integren mi existencia. La muerte se me ha dado como un regalo, en el momento que libere mis ataduras del miedo y la ansiedad. No me reconforta un paraíso soñado de edenes y ríos de leche, un paraíso de eterna ventura plagado de ángeles del señor que juegan conmigo al escondite en las cuatro esquinas del mundo. Mi paraíso es este, el aquí y el ahora eterno, ser conocedora de que solo en este momento Dios existe y nada más puede destruir la morada de paz de mi interior. Creo que toda persona tiene su ángel de la guarda, está en sus corazones y es un ente que nos enlaza nuestro yo con las profundidades de nuestro pozo interno, con Dios, como si fuera una cuerda invisible que nos conecta entre los dos mundos, lo que me rodea y mi interior, Dios y la mujer que soy. Este ángel me conecta y es un canal. Mi ángel no tiene alas, no es hombre ni mujer, mi ángel es el invisible camino que me conecta con la presencia divina de mi interior. Ese camino es estrecho y tan solo yo conozco de su existencia, es amigable, y como el silencio y la luz reinan sobre él, puede reflejar como ecos las palabras de mi interior. Mi vida es un diálogo continuo conmigo misma, pero atisbo a comprender que son los ecos de la presencia de Dios, cuyas palabras rebotan en las paredes de mi profundo camino. En estos momentos, las palabras que llegan de dentro de mí me dicen que el amanecer está cerca, que ha merecido la pena vivir, que pese a todo la vida es bella y que todo está lleno de sentido. Me es imposible pensar en la muerte, pues solo hay vida, vida rebosante y santa que bulle por todos los lugares, como una corriente eléctrica que todo lo anima. Mañana habré conseguido el mayor milagro de todos: formar parte de los pulmones de mis compañeras, formar parte de sus vidas y habitar en sus corazones por siempre. La muerte no existe, es una ficción, un engaño del miedo. Todo es una vida eterna, un río que fluye ininterrumpidamente hacia un profundo océano, que es manantial y fuente de eternidad.

Queridos y desconocidos amigos del futuro que ya vivís en mí, aquí y ahora, este 29 de noviembre del año 1943, os digo sin temor a equivocarme que todo es y que solo Dios existe. Esta pequeña y frágil Etty, atea, imperfecta y vulnerable Etty, que encontró el amor en Julius, que aprendió a arrodillarse y a desenterrar lo divino que hay en su interior, solo puede decir: Gracias.

126

... Y escribiré cuentos de hadas

Querido amigo, querido lector desconocido, a ti quiero que lleguen estas últimas palabras. No me queda ya mucha más fuerza para continuar escribiendo y siento que la vida se me va a borbotones en cada latido de mi corazón herido. Algo dentro de mí me habla, me susurra palabras dulces que me animan a volver a casa, que me hablan de que todo ha merecido la pena y que allá en lo más profundo de mi, donde las praderas verdes de los campos se unen en el horizonte con los cielos azules, allá donde la luz naranja del atardecer resplandece con una misteriosa intensidad, allá en el aquí mismo, allá me esperas tú, que a la vez soy yo. Todo es una paradoja que nos oculta en un juego travieso, la verdadera realidad de la existencia, de la Vida, del Ser y, por ello, de Dios.

Hoy 30 es de noviembre de 1943. Todo es una paradoja que nos oculta en un juego travieso la verdadera realidad de la existencia, de Dios. En esta gélida mañana he decidido poner fin a estas humildes palabras y en un acto solemne, por lo tanto, poner fin a mi vida. El gozo de mi escritura ha alimentado mi corazón como un manantial de agua clara que ha recorrido todo mi cuerpo y mi alma, pero ahora, en este instante, siento que ya todo está dicho. Como el Cristo gritaba en el madero, todo ha concluido. No albergan estas palabras tristeza alguna, resentimiento ni pesar; muy al contrario, están teñidas de un sentimiento de gratitud, esperanza y sobre todo de amor. Me he convertido en una hacedora de milagros, porque algo extraño opera dentro de mí que me hace ver el mundo y actuar de una manera muy distinta a la que yo soy. Me siento como un pequeño insecto que ha sido capaz de vivir toda una vida en unas pocas fracciones de segundo. En estos últimos tres años han acontecido terremotos y tormentas internas que han conformado una forma de estar en el mundo y mirarlo como nunca me hubiera planteado. Ahora sí puedo decir que estoy en el mundo, pero no soy del mundo. Soy una pequeña mariposa que roza sutilmente con sus alas la vida casi sin hacer ruido, leve como un rayo de sol, aroma de ropa limpia y brisa de los campos. Qué extraño es todo y qué maravilloso y sencillo a la vez...

El sol sale por el horizonte y solo lo atisbo por el ventanuco del barracón, pero un débil rayo penetra por una estrecha grieta del marco de la ventana e ilumina la estancia atestada de cuerpos agitados como insectos atrapados en un anzuelo. Sigo con la mirada ese rayo donde danzan pequeñas motas de polvo como mundos ingrávidos y soy capaz de sentir el poder de la vida. Es entonces cuando ese leve rayo y la estancia se convierten en una obra de arte, en un cuadro vivo y resplandeciente de milagro. Algo luminoso subyace en todo aquello, un milagro se oculta en aquel gesto sencillo de la vida. Lo verdaderamente milagroso es que nadie es capaz de verlo, solo yo parezco tener el poder de desentrañar las claves de estos hechos. Pese a que existe movimiento, hay quietud; pese a que hay ruido, existe silencio; pese a que hay cuerpos y objetos amontonados, existe un vacío del que emana el silencio y la quietud, y ese vacío es la fuente creadora de todo cuando existe, hasta yo misma.

Dejo de escribir durante unos instantes estas sensaciones, que me vienen de no sé dónde, para sumergirme en este estado de beatitud y amor a todo lo que existe y me rodea. Ya no soy yo, yo soy todo, también soy el rayo de luz, los cientos de cuerpos famélicos, la ventana, el amanecer y el crepúsculo que a lo mejor ya no llegaré a contemplar con los ojos físicos. Pero, aunque me marche, querido lector, mi presencia seguirá en ese rayo, en esas motas de polvo y en todos los cuerpos que ahora y siempre existirán sobre la faz de la tierra.

Gracias, Dios mío, gracias a la Vida por haberme dado tanto amor y haberme abierto los ojos del corazón para sentir lo que siento y amar lo que amo. Estoy preparada para cualquier cosa, estoy preparada para morir y vivir a la eternidad, esta pequeña Etty te sonríe desde el corazón intemporal de la vida. La realidad parece irreal y hasta aquí se pueden escribir cuentos de hadas.

Parte 3

El bucle del tiempo de un epílogo no terminado

Aquí estoy yo, este humilde contador de historias, usurpando la vida de Etty Hillesum después de más de ochenta años y recreando sus sentimientos, sus pasiones, sus anhelos y sobre todo su amor. En cierta manera me digo a mí mismo que no soy nadie para tal osadía de violar la vida sagrada de ninguna persona. Por otro lado, pienso y creo firmemente que la voz de Etty es más actual que nunca y la forma que tenemos de que tuviera sentido su vida y su muerte, la manera de honrarla, es hacer que más que nunca su vida se recree en eternos bucles de existencia. Este libro que tienes en tus manos, lector, va dirigido directamente a tu corazón y apela a la chispa divina que dentro de ti habita. Etty, en el fondo, es una excusa para poder apelar a una fuerza, una luz y un silencio que habita dentro de nosotros y que trasciende nuestra existencia particular, para formar parte de un todo eterno. Cada cultura y en cada momento de la historia lo ha llamado de una manera distinta, pero eso es lo de menos. No debemos cosificarlo con nuestro lenguaje, pues hay algo que lo trasciende y que solo podemos atisbar e intuir en el fondo de nuestro ser y que forma parte de la urdimbre de la existencia y da sentido al *kosmos,* y por ello a la vida.

Este libro llega en un momento muy especial de mi vida. Las cosas no son por casualidad, sino por causalidad. Todo ocurre porque tiene que ser así. Nada es al azar, todo ocurre porque la existencia traza un plan oculto del cual nosotros somos cocreadores y en muchas ocasiones sujetos pasivos que son movidos como una brizna de hierba.

Este libro viene en el momento en el que mi vida y mi ser está amenazado por sombras y grandes tormentas. Las turbulencias de la vida se arremolinan en torno a mí zarandeándome con violencia y fuerza. En este momento álgido, producto de varios años de cambio y trasformación, llega Etty con su luz y su esperanza, demostrándome cómo en el campo de batalla, en medio del dolor y la muerte, se pueden escribir cuentos de hadas. La trasformación espiritual de Etty, su amor y su visión beatífica de la vida, hacen que yo tenga esperanza y sobre todo se convierte en un bálsamo para mi corazón herido.

Este ejercicio literario ha representado mucho más que una simple escritura en torno a la recreación de la vida de una persona real ficcionada. Esta escritura ha exigido de mí una entrega y un sacrificio profundo, no exento de sufrimiento. He asistido a la trasformación espiritual de Etty y he tratado de sentir como ella sentía, sufrir lo que ella sufría, y amar y mirar como ella lo hacía. En este ejercicio de mediumnidad he sido como un actor que se ha metido en su papel, tratando de confundir la persona con el personaje, con el objetivo de recrear un sentimiento y una manera de mirar el mundo.

Escribir este libro ha sido laborioso. En el transcurso he podido sentir la mano oculta de Etty llevándome de manera invisible. Por ello creo cada vez más profundamente en la magia de la palabra y el poder de la imaginación como elementos sanadores.

La persona que era antes de dar este testimonio es muy distinta a la que ha emergido de él. A lo largo de este profundo texto yo también he sido ayudado por la mano de Etty, desenterrando a Dios de mi interior. Según avanzaba en ello, he podido conocerme mejor y reconocer a Dios en los rostros de los que me rodean.

Comencé diciendo que este es un texto de esperanza y de luz, y quiero terminar diciendo que toda vida merece la pena ser vivida. Gracias al ejemplo de Etty y de muchas personas como ella somos capaces de superar nuestra miseria y singularidad, para convertirnos en seres universales que pueden sentir a Dios en cada palpitar de nuestra existencia. Doy gracias a Etty por haberme descubierto el camino y haberme guiado con su mano. Ahora no puede haber queja ni desamparo, no puede haber sufrimiento ni muerte, solo Luz y Silencio, y un sentimiento de arrobo por la magia de la vida que ilumina todo desde el interior con la luz de la verdadera existencia. Igual que Etty, os quiero decir que generación tras generación me perpetuaré en un ciclo sin fin, para gritarle al mundo que escribamos cuentos de hadas.

Bibliografía sobre Etty Hillesum

Siempre debemos recordar que la mejor manera de conocer a Etty es haciendo una inmersión en sus diarios, pues es la única y auténtica fuente de información sobre quién es ella, cómo pensaba y sentía. No obstante, en los últimos tiempos ha aparecido una abundante bibliografía desde múltiples perspectivas: literarias, antropológicas, psicológicas, históricas y espirituales. Si el lector desea tener una visión completa de la vida y el sentir de Etty, puede consultar lo siguiente.

Arriero Peranton, Fernando, *La vida es bella a pesar de todo: las claves de la espiritualidad de Etty Hillesum*, Grupo editorial Funte, 2019.

Camarero Santamaría, Daniel, *La chica que no sabía arrodillarse*, Editorial Monte Carmelo, 2003.

Camarero Santamaría, Daniel, *Las paginas más bellas de Etty Hillesum*, Editorial Monte Carmelo, 2012.

Camarero Santamaría, Daniel, *Etty Hillesum. Hacia y en Westerbork*, Editorial Monte Carmelo, 2012.

De Semeraro, Michel David, *Etty Hillesum: El encuentro con Dios de una mujer judía durante la persecución nazi*, Editorial Rialp, 2015.

Frank, Evelyne, *Con Etty Hillesum en busca de la felicidad*, Editorial Sal Terrae, 2006.

Hillesum, Etty, *Diarios, una vida conmocionada*, Editorial Anthropos, 2013.

Llop, V. Javier, *Etty Hillesum y la trasformación: la huella de R.M. Rilke*, Narcea Ediciones, 2021.

Martín Echague, Ana, *Desenterrar a Dios: el proceso espiritual de Etty Hillesum*, Editorial Sal Terrae, 2022.

Otra bibliografía

Aporto otras fuentes bibliográficas que pueden complementar la visión y vivencia de Etty. Especialmente las dedicadas al Dr. Viktor Frankl, pues su visión de la vida y los principios de la logoterapia son coincidentes con la visión de Etty.

Bernard, Jean, *Un sacerdote en Dachau: Memorias en primera persona (1941-1942)*, Editorial Palabra, 2010

De los Ríos, Rafael, *Cuando el mundo gira enamorado: semblanza de Viktor Frankl*, Editorial Rialp, 2015.

Frankl, Viktor, *La presencia ignorada de Dios*, Herder, 1977.

Frankl, Viktor, *El hombre en busca del sentido último*, Paidós, 1999.

Frankl, Viktor, *El hombre en busca del sentido*, Herder, 2015.

Frankl, Viktor, *Lo que no está escrito en mis libros. Memorias*, Herder, 2016.

Frossard, André, *No olvides el amor: la pasión de Maximiliano Kolbe*, Ediciones Palabra, 2010.

Langle, Alfred, *Viktor Frankl, una biografía*, Herder, 2000.

Lukas, Elisabeth, *Viktor Frankl, el sentido de la vida*, Plataforma editorial, 2008.

Peraine, Jacinto, *Edith Stein: filósofa, judía, atea, mujer, mártir, santa*, Edibesa, 2016.